KB273419

남로당
제주4·3투쟁
보고서 해설

남로당 제주4·3투쟁 보고서 해설

지 은 이 · 김영중
펴 낸 이 · 성상건
편집디자인 · 자연DPS

펴 낸 날 · 2025년 8월 15일
펴 낸 곳 · 도서출판 나눔사
주　　　 소 · (우) 10270 경기도 고양시 덕양구 푸른마을로 15
　　　　　　301동 1505호
전　　　 화 · 02)359-3429　팩스 02)355-3429
등록번호 · 2-489호(1988년 2월 16일)
이 메 일 · nanumsa@hanmail.net

ⓒ 김영중, 2025

ISBN　978-89-7027-826-1　93910

값 15,000원

잘못된 책은 바꾸어 드립니다.

4·3주동자 김달삼이 쓴
제주도인민유격대투쟁보고서

남로당
제주4·3투쟁
보고서 해설

김영중 저

나눔사

1. 이 책은 문창송의『한라산은 알고 있다. 묻혀진 4·3의 진상. 소위 제주도인민유격대투쟁 보고서를 중심으로』, (대림인쇄사, 1995) 책을 기초로 썼습니다. 원문에 맞춤법이 틀린 것도 원문대로 실었으며, 구분이 필요한 부분은 일부 줄바꿈을 하였습니다.

   예: 경관 6명. 아부대 14명이 99식 소총…

   → 경관 6명.

   　　아부대 14명이 99식 소총…

2. 독자의 이해를 돕기 위해 원문을 18개 항목으로 나누어서 썼습니다.

3. 제주도인민유격대투쟁보고서 순서에 따라 썼고, 원문은 네모 상자 안에 넣었습니다.

4. 이 해설서는 투쟁보고서의 제목-주요 내용 요약 및 의의-원문-해설 순으로 썼습니다.

5. 이 책의 기초가 된『한라산은 알고 있다』에서 저자 문창송이가 부여한 각주는 '원저자 주' 라고 명시해서 제가 부여한 각주와 구분했습니다.

6. 행정구역이나 기관명은 당시 명칭을 사용했습니다.

   예: 제주시→ 제주읍, 제주북초등학교→ 제주북국민학교, 제주북교

7. 여러 가지 명칭을 줄여서 사용하기도 했습니다.

   예:『한라산은 알고 있다. 묻혀진 4·3의 진상. 소위 제주도인민유격대투쟁보 고서를 중심으로』→ 한라산은 알고 있다

   　　제주도인민유격대투쟁보고서→ 투쟁보고서

   　　제주4·3사건→ 제주4·3, 4·3사건, 4·3

   　　남조선노동당중앙위원회→ 남로당중앙당, 중앙당

   　　남조선노동당전라남도위원회→ 남로당전남도당, 전남도당

   　　남조선노동당제주도위원회→ 남로당제주도당, 제주도당

   　　제주4·3사건진상규명 및 희생자명예회복위원회→ 제주4·3위원회

   　　제주4·3사건진상조사보고서→ 4·3정부보고서

8. 각급 당위원회를 각급 당부라고 한 것은 원문 그대로 썼습니다.

9. 국립중앙도서관에 소장 중인 제주도인민유격대투쟁보고서의 복사본을 책 끄트머리에 추가하였습니다.

목 차

| 글을 시작하며 |

필자는 1941년 제주도 중산간 마을인 제주시 애월읍 납읍리에서 태어
났습니다. 1948년 일곱 살의 나이에 4·3사건을 맞았고, 해안마을로 '소개
(疏開)'했던 기억이 지금도 생생합니다.

'소개'란 주민들을 해안마을로 피난·이주시켜 일반 주민과 남로당 인
민유격대를 분리함으로써 정보 교환이나 물자 지원을 차단하고, 은신처를
없애 진압의 효율성을 높이려는 군경의 작전이었습니다. 그러나 이 작전
은 소개민을 위한 아무런 대책도 없었을 뿐만 아니라, 소개된 사람 중 좌
익 혐의가 의심되는 젊은이들을 별다른 절차도 없이 즉결 처형하는 등 심
각한 부작용을 낳았습니다.

1948년 11월 14일, 소개 명령이 내려진 날은 하필 저의 큰누님이 시집
가는 날이었습니다. 난리통에 잔치는 미뤄졌습니다. 잔치를 위해 키우던
큰 돼지 한 마리와 정성껏 담근 막걸리 두 항아리는 해안마을 곽지리에 사
는 친척에게 주고, 우리 가족은 그 동네 몇 사람의 도움을 받아 4대째 살아
오던 집 네 채를 모두 허물고 애월리로 소개되었습니다.

이듬해 4월 29일, 소개령이 해제되어 옛 터전으로 돌아왔지만, 이미 집
은 사라진 뒤였습니다. 마을 북쪽의 공동 소유지인 '사장(射場)'에 함바라
는 초막을 짓고 약 4개월간 집단으로 생활했습니다. 그동안 마을 사람들
은 각자의 집을 재건하는 동시에, 마을을 둘러쌀 성(城)을 쌓는 공동 작업

에도 참여했습니다. 집과 성곽이 어느 정도 모습을 갖추자, 주민들은 다들 옛 터전으로 돌아갔습니다. 이후 마을 주위에 쌓은 성벽을 따라 초소를 설치했고, 이곳에서 주민들은 남녀노소를 불문하고 마을을 지키기 위해 보초를 섰습니다. 이 보초 근무는 남로당 세력이 약해지면서 다소 느슨해지기도 했지만, 1954년 9월 21일 한라산이 개방될 때까지 계속되었습니다. 이는 남로당의 살인, 방화, 약탈, 납치와 같은 만행을 막으려는 조치였습니다.

우리 집안은 아버지가 일찍 세상을 떠나 44세의 어머니 홀로 살림을 책임졌습니다. 형님 한 분은 제주시에서 생활하다가 6·25 전쟁에 참전하여 집에 없었습니다. 보초는 2인 1조로, 4~5일에 한 번꼴로 돌아왔습니다. 인력이 부족했기 때문에 일부는 남녀 혼성 조로 편성되기도 했습니다. 어머니는 할머니 외가 쪽 먼 친척인 송 씨 할아버지와 한 조를 이루었습니다. 무척 무서웠지만, 저는 어머니를 대신해 하루도 빠짐없이 보초 근무에 나섰습니다. 어머니는 낮 동안의 고된 농사일을 혼자 감당하셔야 했고, 남녀가 함께 조를 이루는 것이 당시로서는 자연스럽지 못하다는 인식도 있었기 때문입니다. 그때 제 나이는 만 8세였습니다. 보초에게는 '암구호'가 주어졌고, 순찰과 '전달'이라는 방식으로 근무를 확인했습니다. '전달'은 시간마다 '몇 시 전달!'하면 이를 복창하고, 시계방향으로 다음 초소를 부르는 식으로 성에 설치한 총 25개 초소를 한 바퀴 도는 것입니다.

제주도 유사 이래 최대의 참극인 4·3 사건으로 인해 수많은 선량한 도민이 희생되었습니다. 게다가 6·25 전쟁과 남북분단의 여파로 연좌제가 생겨나, 살아남은 이들에게도 깊은 족쇄가 되었습니다. 그 고통은 이루 말할 수 없습니다.

그러나 역사를 냉정히 들여다보면, 4·3의 목적은 남로당이 대한민국 건국을 저지하고 김일성의 노선에 따라 공산 통일을 이루려 했던 폭동이자 반란[1]이었습니다. 4·3사건이란, 이 폭동·반란을 9년에 걸쳐 평정하는 과정에서 수많은 양민이 무고하게 희생된 사건이라고 생각합니다. 4·3은 민중항쟁이 아닙니다. 이는 남로당이 전개한 공산혁명 통일투쟁이었습니다.

우리는 남로당의 4·3 무장폭동을 진압하여 대한민국을 건국했고, 6·25의 참화를 극복하며 경제력 세계 10위권의 강국으로 성장했습니다. 대한민국은 결코 태어나서는 안 될 나라가 아니라 위대하고 자랑스러운 나라입니다. 한때 굶주림에 허덕이던 이 나라는 이제는 다이어트를 걱정하고 원조를 받던 나라에서 원조를 주는 나라가 되었습니다. 반면 남로당이 추종했던 북한은 지금 어떻습니까. 3대 세습 독재체제 아래 인권은 유린당하고 300만 명이 굶어 죽는 상황에 이르렀습니다. 우리는 대한민국 건국 과정에서 누가 옳았는지, 무엇이 시행착오였는지를 역사적으로 냉정히 평가해야 합니다. 역사는 결과에 대한 책임도 묻기 때문입니다.

4·3의 주체는 남로당중앙당과 전남도당의 지령을 받은 남로당제주도당이며, 무력투쟁을 주도한 인물은 김달삼(본명 이승진)입니다. 김달삼은 박헌영의 지령에 따라 1948년 7월 20일부터 지하선거를 강행했고, 제주도민 52,350명의 투표지를 가지고 8월 21일부터 황해도 해주에서 열린 남조선인민대표자대회(해주대회)에 참석했습니다.

그가 직접 쓴 '제주도 인민유격대 투쟁보고서'(이하 '투쟁보고서')는 해주대회 보고용으로 작성된 것으로 보입니다. 이 자료는 남로당제주도당 인민해방군 최고 주모자가 직접 작성[2]한 1차 사료라는 점에서 가치가 매우 큽니다. 또한 내용이 구체적이어서 4·3 사건의 성격과 전모를 파악하

---

1)　필자는 1948년 4월 3일부터 8월 14일까지의 무장폭력은 '폭동'이고, 8월 15일 대한민국이 건국된 이후부터 1957년 4월 2일 4·3이 종료될 때까지의 무장폭력은 '반란'이라고 봅니다.

2)　남로당제주도당이 직접 작성한 1차 사료로 현존하는 것은 이 투쟁보고서와 1947년 3·1운동 기념투쟁 당시 작성한 여러 건의 지령서가 있습니다. 3·1운동기념투쟁에 관한 지령서는 제주 4·3연구소, 『제주항쟁(창간호)』(실천문학사, 1991)와 김영중, 『남로당제주도당 지령서 분석(제2판)』(퍼플, 2023)에 수록되어 있습니다.

는 데 매우 귀중한 자료입니다.

이 투쟁보고서는 1949년 6월 7일 제주경찰서 화북지서장 문창송 경위의 지휘 아래 서북청년단 출신으로 구성된 김영주 경사팀이 이덕구를 사살한 후, 직속 부하 양생돌에게서 압수한 문건입니다. 이 문건은 김달삼이 제주를 탈출하며 후임 사령관 이덕구에게 1부를 남긴 것으로 추정합니다.

문창송은 이 문건을 보관하다가 『한라산은 알고 있다: 묻혀진 4·3의 진상 - 소위 제주도 인민유격대 투쟁보고서를 중심으로』(1995)라는 책으로 세상에 공개했습니다. 이 책은 두 차례에 걸쳐 총 2,000부가 전국에 무료 배포되었으나 오래전에 절판되었고, 원본은 저자 사망 이후인 2017년 유족이 국립중앙도서관에 기증했습니다.

이 투쟁보고서는 1948년 3월 15일부터 7월 24일까지 132일간 남로당제주도당이 4·3 사건을 일으키게 된 목적과 경위, 조직과 재정비 과정, 작전 및 투쟁 결과는 물론, 국방경비대 제9연대와의 연계 관계, 회담 및 모의 상황, 무기 지원과 탈영병 통계 등의 지원 실적이 상세히 기록되어 있어 4·3 사건을 이해하는 데 핵심적인 자료라 할 수 있습니다.

역사는 사실에 근거한 기록이어야 합니다. 그러나 최근 4·3사는 심각하게 왜곡되고 있습니다. 사건의 원인은 배제하고 인명 피해만 강조하며 민중항쟁으로 고착하려는 시도마저 나타나고 있습니다. 그 결과 사건을 수습하고 평정하여 대한민국을 건국한 정부와 군경의 공로는 지워지고, 오히려 국가 공권력이 학살의 주범으로 매도되고 있습니다.

4·3 사건의 해결은 진상 규명과 희생자 명예 회복이라는 두 축에서 접근해야 하며, 그 순서 역시 원인 규명이 먼저이고, 이후 발생한 인명 피해는 쌍방에 대해 공평하게 진상을 밝혀야 합니다.

이러한 역사적 과제 앞에서, 이 투쟁보고서를 분석하고 그 의미를 정확히 파악하는 일은 매우 중요합니다.

이 투쟁보고서를 누구나 쉽게 구할 수 있다면 제가 별도의 해설서를 펴낼 필요는 없었을 것입니다. 그러나 저자 문창송의 유족이 재출간에 동의하지 않았습니다. 유료 발행도 권유했지만 이는 무료 배포를 원했던 저자의 유지를 거스르는 일이기에 성사되지 못했습니다. 이에 따라 독자들의 요청에 부응하고 약간의 보충 설명도 필요하다고 판단하여, 부족한 제가 감히 이 해설서를 펴내게 되었습니다.

끝으로 이 책이 세상에 나올 수 있도록 도와주신 분께 깊은 감사를 드립니다. 오래전부터 교수와 전문가에게 투쟁보고서에 대한 분석서를 내도록 권하고 기대했으나 아무런 소식이 없었습니다. 그래서, 저라도 써야겠다고 책을 구상했지만 거의 포기 상태였습니다. 그러던 어느 날 예비역 소장 한철용 장군님이 저에게 용기를 주고 원고까지 검토해 주셨습니다.
감사드립니다.

2025년 8월 15일

제주시 우거에서 김영중 씀

[원문 1]
조직의 시발

제주도인민유격대가 직접 작성한 투쟁보고서의 첫 부분으로, 4·3사건을 일으키기까지 조직의 동기와 준비 과정을 담고 있습니다. 여기에서는 당시 경찰과 서북청년회 등의 탄압에 대한 반발로 무장투쟁을 결심했다고 주장하며, 구체적인 조직 체계와 병력, 무기 현황을 상세히 기록하고 있습니다. 4·3사건이 남로당의 지령으로 사전에 치밀하게 기획된 폭동이었음을 그들 자신의 기록을 통해 명백히 보여주는 부분입니다.

극비(極秘)

제주도인민유격대 투쟁보고서
(濟州道人民遊擊隊 鬪爭報告書)

一. 조직면(組織面)
[조직의 시발(始發)과 발전 과정 및 조직 현세(現勢)]

1. 조직(組織)의 시발(始發)

① 조직(組織)의 동기(動機)

제주도(濟州道)에 있어서 반동(反動) 경찰을 위시한 서청(西靑), 대청(大靑)의 작년 3·1 및 3·10투쟁 후의 잔인무도한 탄압으로 인한 인민의 무조건 대량 검거, 구타, 고문 등의 금년 1월의 신촌(新村)사건을 전후하여 고문치사 사건의 연발(조천=朝天=지서에서 김용철=金用喆=동무, 모슬포=摹瑟浦=지서에서 양은하=梁銀河=동무)로써 인민 토벌 학살 정책으로 발전 강화되자 정치적으로 단선(單選), 단정(單政)반대, UN조위(朝委) 격퇴 투쟁과 연결되어 인민의 피 흘리는 투쟁을 징조(徵兆)하게 되었다.

3·1투쟁에 있어서의 각급 선전(宣傳) 행동대(行動隊)의 활동은 기후(其後)의 자위대(自衛隊) 조직의 기초가 되었으며 3·1투쟁 직후 도당(道黨)의 지시에 의하여 각면(各面)에 조직부(면당=面黨) 직속 자위대(自衛隊)를 조직하게 되었으나 별로 진전을 보지 못하였다.

기후(其後) 사태가 거익(去益) 악화됨을 간취(看取)한 도상위(島常委)는 3월 15일 도(道) 파견 "올구"를 중심으로 회합을 개최하여

첫째 조직의 수호와 방어의 수단으로서
둘째 단선(單選), 단정(單政) 반대 구국투쟁(救國鬪爭)의 방법으로서

적당한 시간에 전 도민(全島民)을 총궐기(總蹶起)시키는 무장반격전(武裝反擊戰)을 기획 결정,

25일까지를 준비 기간으로 하여 도상임(島常任)(특히 투위=鬪委 멤버)으로써 군위(軍委)를 조직 투쟁에 필요한 자위대(自衛隊) 조직(200명 예정)과 보급, 무기 준비, 선전사업 강화에 대하여 각각 책임을 분담

예정 기간을 넘어 3월 28일 비로소 재차 회합을 가져 기간(其間)의 준비 사업에 관한 각자의 보고를 종합 검토한 결과,

4월 3일 오전 2시~4시를 기하여 별항의 전술 하에 무장반격전을 전개하기로 결정하였음.

② 4·3투쟁(鬪爭) 직전(直前)의 조직 정세(組織 情勢)

(ㄱ) 조직 체계(組織 體系)

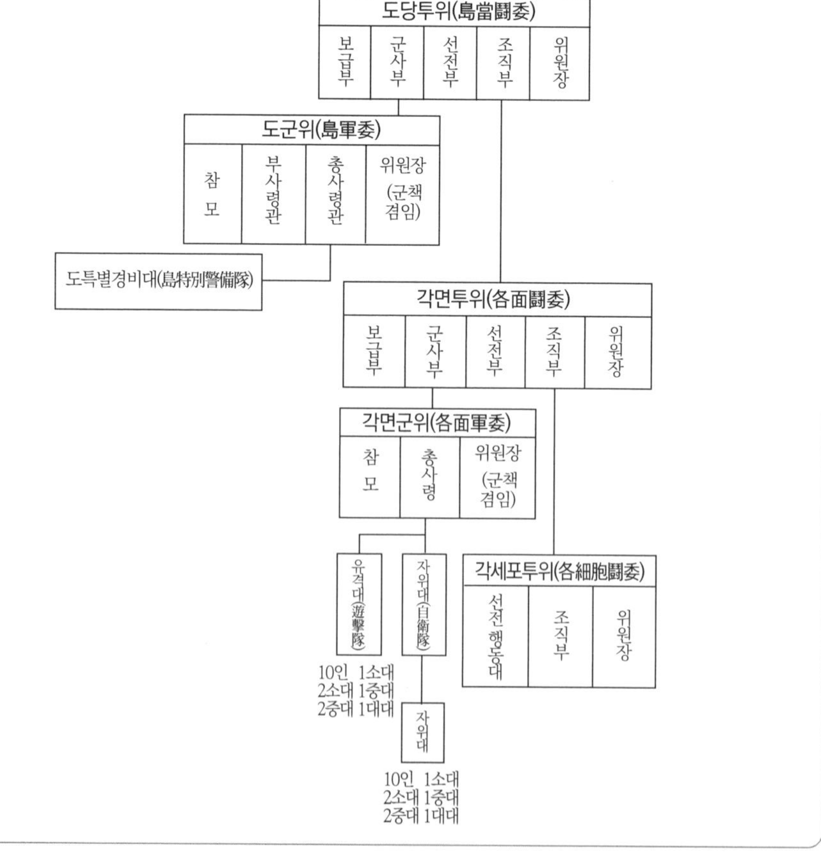

(ㄴ) 조직 세력(組織 勢力)

Ⓐ 병력면(兵力面)

① 유격대(遊擊隊) 조직면(組織面)

13면(추자면=楸子面=까지 포함)중 구좌(舊左) 성산(城山) 서귀(西歸) 안덕(安德) 추자(楸子)의 5면을 제외한 제주읍(濟州邑) 조천(朝天) 애월(涯月) 한림(翰林) 대정(大靜) 중문(中文) 남원(南元) 표선(表善)의 8개면에 유격대(遊擊隊) 조직, 도(島)에는 군위(軍委) 직속의 특경대(特警隊)를 편성

② 인원수(人員數)

A. 유격대(遊擊隊)	100명
B. 자위대(自衛隊)	200명
C. 특경대(特警隊)	20명
	계 320명

③ 병기(兵器)

99식 소총	27정(挺)
권총	3정(挺)
수류탄(다이너마이트)	25발(發)
연막탄	7발(發)
나머지 죽창	

무장 투쟁의 명분과 그 배경

투쟁보고서는 4·3사건의 동기를 1947년 3·1운동기념투쟁과 3·10 총파업 이후, '반동 경찰'과 서북청년회(서청), 대동청년단(대청)이 인민을 무조건 검거하고 구타·고문하는 등 잔인한 탄압을 자행한 것에서 찾고 있습니다. 여기서 언급된 3·1운동기념투쟁은 1947년 3월 1일 제주 북국민학교에서 열린 불법 집회가 끝난 후 불법 가두시위 중 경찰의 발포로 6명이 사망한 사건이며, 이에 항의하여 3월 10일에는 도청을 포함한 166개 기관·단체 41,211명이 참여한 민관 총파업이 일어났습니다.

그러나 이러한 투쟁은 남로당의 조직적인 개입하에 이루어졌습니다. 3·10 총파업은 남로당 대정면당 위원장 이운방이 제안하고 조직부장 김달삼이 제주도당에 건의하여 성사시킨 것이었습니다. 3·1운동기념투쟁 역시 남로당중앙당의 방침에 따라 전국적으로 전개되었습니다. 당시 투쟁을 주도한 제주도민주주의민족전선은 결성식에서 스탈린, 김일성, 박헌영, 허헌 등을 명예의장으로 추대했으며, 산하 읍면 청년동맹 결성식 때도 역시 김일성과 박헌영을 명예의장으로 내세웠습니다. 남로당의 강령 제2호는 '조선에 민주주의인민공화국을 건설하기 위한 목적으로 투쟁한다'라고 명시하고 있었으며, 3·1운동기념투쟁 지령서에는 "김일성 장군 만세", "조선인민공화국 수립만세"를 외치고 "우익이라 칭하는 반동분자들을 철저히 숙청하라"는 내용이 포함되어 있어, 이들의 투쟁이 소련과 북한의 노선을 따르고 있었음을 명확히 보여줍니다.

투쟁보고서에 등장하는 '금년 1월의 신촌사건'은 1948년 1월 22일의

'1·22 검거 사건'을 말합니다. 당시 경찰은 2·7 폭동을 앞두고 남로당제주도당의 불온한 동향을 파악한 후, 1월 22일부터 26일까지 도당 간부 등 핵심 지휘부 221명을 검거했습니다. 이로 인해 남로당 조직은 와해 직전에 이르렀고, 지휘부 부재로 2·7 폭동 계획은 사실상 무산되었습니다. 이 과정에서 김달삼은 연행 도중 탈출했습니다.

당시 제주 사회는 극심한 혼란과 첨예한 좌우 대립에 휩싸여 있었으며, 사법 질서가 제대로 확립되지 못한 상태였습니다. 여기에 수용 시설의 절대 부족과 인권 의식의 결여가 더해져, 경찰과 서청 등이 수사 과정에서 저지른 무리한 행위와 인권 유린은 분명 존재했습니다. 실제로 1948년 3월 6일 조천지서에서는 피의자 김용철(22세)이, 3월 14일 대정지서에서는 양은하(27세)가 고문으로 사망하는 비극적인 사건이 발생했습니다. 이러한 사건들은 민심을 크게 자극했고, 유엔한국임시위원단과 미군정에서도 비상한 관심을 가질 정도의 심각한 인권유린이었습니다. 남로당은 이를 '인민 탄압'으로 규정하고 투쟁의 명분으로 적극 활용했습니다. 이후 남로당은 우도사건, 중문리사건, 종달리사건, 함덕지서습격사건 등을 연이어 일으키며 본격적인 무장투쟁 준비에 착수했습니다.

남로당의 지령과 무장반격전 준비

무장 조직의 결성은 남로당 상부의 지시에 따른 것이었습니다. 남로당 전남도당은 1947년 3·1절 투쟁 직후, 각 면에 자위대를 조직하라는 지령을 내렸습니다. 이 자위대는 3·1절 투쟁 당시 활동했던 선전행동대가 그 기초가 되었습니다. '자위대(自衛隊)'는 이름과 달리 스스로 마을을 방어하기 위한 부대가 아니라 남로당의 지시로 조직하게 되었으며, 구성원도 남로당 당원과 적극적인 동조자들이기 때문에 그 역할은 인민유격대의 예비대로서, 물자 보급, 정보 수집, 결원 보충 등의 임무를 수행했습니다.

　　1948년 3월 15일, 남로당제주도당 상임위원회는 전남도당에서 파견된 올구(조직지도원)[3]를 중심으로 회합을 갖고 '무장반격전'을 공식 결정했습니다. 상급당인 전남도당의 올구가 회의를 주도했다는 점은 올구의 임무 역할 조직상의 위상을 감안하면 이 결정이 중앙당의 지령에 따른 것임을 알 수 있습니다. (전남도당의 무장반격전 지령 내용은 [원문 15] 4·3투쟁과 국경(國警)과의 관계에서 상세히 설명합니다.) 이들이 내세운 목표는 두 가지였습니다. 첫째는 1·22 검거 사건으로 와해 위기에 처한 '조직의 수호와 방어'이고, 둘째는 북한의 주장과 마찬가지로 대한민국 건국을 저지하는 '단선·단정 반대 구국투쟁'이었습니다.

　　무장반격전 준비는 2단계로 진행되었습니다. 3월 15일부터 25일까지의 1단계 준비 기간에는 군사위원회를 조직하고, 자위대 정예요원 200명을 선발하며 보급·무기·선전 등 임무를 분담했습니다. 준비가 지연되자 3월 28일 재차 회합하여 상황을 점검한 뒤, 최종적으로 4월 3일 새벽 2시에서 4시 사이에 거사를 단행하기로 확정했습니다.

　　이 외에도 남로당은 체계적인 사전 준비를 진행했습니다. 1947년 8월

---

3)　올구는 영어 organizer에서 온 말로, 오르그(org)라고도 부릅니다. 투쟁보고서 원문에는 남로당 전남도당에서 파견한 올구 이(李) 동무와 중앙당에서 파견한 올구 이명장(李明章)이 등장합니다. 올구는 단순한 연락원, 입회자, 참관자가 아니라, 상부의 지령을 하달하고 하급당을 지도·감독·결정하며 현지 상황을 상급당에 보고하는 임무를 수행하는 자입니다. 이러한 올구의 역할은 중앙당에서 파견된 올구 천검산이 남로당 제주도당의 위에 있으면서 모든 결정을 하고 도당을 지도했다는 증언(김봉현의 일본 문예지 민도(民濤) 1988년 여름호 특집Ⅱ '제주도 숨겨진 피의 역사' 인터뷰 기사, 고문승. 『제주사람들의 설움』. 신아문화사, 1991. 382~394쪽)이 있고, "산에 있을 때 제주도총사령관은 이덕구였지요? 그렇지. 그러나 행정관이 볼 때 이덕구는 아무 것도 아니지. 그 때 들은 말인데 제주도행정관은 전라도 사름(사람)이라고 해. 도의 최고지휘관이 전라도 사름(사람)이라. 파견 나온 사름(사람)이지."(제주4·3연구소. 『이제사 말햄수다 Ⅰ』. 한울, 1989. 93쪽) 등의 증언을 통해서도 확인됩니다.

에는 김달삼을 사령관으로 하는 '인민해방군'을 조직했으며, 같은 해 9월
에는 도당 본부를 산간 지역으로 옮기고 제주4·3평화공원 부지와 애월면
새별오름 등지에서 군사 훈련을 강화했습니다. 1948년 2월 25일에는 조
직을 '구국투쟁위원회'로 개편하여 본격적인 투쟁 체제를 갖추었고, 이 과
정에서 김달삼은 당의 핵심 실권을 장악했습니다.

거사일의 결정과 조직 현황

1·22 검거로 조직이 노출되고 2·7 폭동 계획마저 무산되자, 남로당은
'앉아서 죽느냐, 일어나 싸우느냐'의 기로에 섰습니다. 이들은 지난해 북국
민학교에서 개최된 3·1절 기념식에 25,000명이 운집하고 3·10 총파업에
대규모 인원이 참여한 것을 보고 혁명 역량이 최고조에 달했다고 판단했
으며, 이를 바탕으로 무장투쟁의 승리를 자신했습니다.

거사일로 4월 3일을 택한 것을 보면 공산주의의 역사적 기념일을 중시
하는 경향이 나타납니다. 4월 3일은 레닌이 러시아로 복귀한 기념일이자
스탈린이 소련공산당 서기장으로 취임한 날입니다. 과거 박헌영이 마르크
스의 출생 요일을 따 '화요회'를 만들거나, 러시아 10월혁명기념일인 11
월 7일(율리우스력 10월 25일)에 맞춰 제주도적화음모사건(11.7사건, 경
찰프락치사건)을 기획한 사례처럼 상징적인 날짜를 선택한 것으로 보입
니다.

거사 직전 조직 체계는 도당 구국투쟁위원회(도투위)를 정점으로 그
아래에 각 면 투쟁위원회를 두는 방식이었습니다. 도군사위원회 직속으로
는 20명의 학생으로 구성된 '특경대'를 두었습니다. 이 특경대에게는 4·3
당일 제주경찰감찰청과 제1구경찰서를 분쇄하기 위해 9연대 병력 200명

이 왔을 때 연락과 안내라는 특정 임무를 맡겼습니다.

　각 면 군사위원회 산하에는 유격대와 자위대가 있었으며, 이들은 10인 1소대, 2소대 1중대, 2중대 1대대 방식으로 편성되었습니다.

　투쟁보고서에 기록된 병력은 유격대 100명, 자위대 200명, 특경대 20명을 합쳐 총 320명이었습니다. 유격대는 13개 면 중, 5개 면을 제외한 8개 면에 조직되었습니다. 그러나 4월 3일 당일 실제 동원된 인원은 이를 훨씬 웃돌아 각 지서와 경찰 및 서청 숙소로 쓰이던 여관 등을 습격한 인원은 총 459명으로 집계됩니다.

　무기는 99식 소총 27정, 권총 3정, 수류탄 25발, 연막탄 7발 등으로 열악했지만, 대부분 철창, 죽창, 일본도, 칼 등 치명적인 흉기를 각자 휴대하고 있었습니다.

남로당제주도당 제1차 조직 정비

투쟁보고서의 이 부분은 4·3사건 직후 남로당제주도당이 단행한 제1차 조직 정비 내용을 담고 있습니다. 여기에는 새로운 지휘 체계를 보여주는 조직도와 함께, 산으로 들어온 유격대와 자위대 병력을 효율적으로 관리하기 위해 인원을 재조정한 과정이 서술되어 있습니다.

이들은 게릴라전의 현실적 문제(보급, 부상자 치료, 작전 지휘 등)에 대응하기 위해 제주도당 지휘부를 전문화하고 기능을 세분화했습니다. 이는 곧이어 있을 5·10 단독선거를 저지하기 위한 다음 단계의 투쟁을 체계적으로 준비하려는 명확한 의도를 드러내는 부분입니다.

2. 제1차 조직 정비(組織 整備)
(4·3투쟁 직후)

① 체계상(體系上)의 정비(整備)

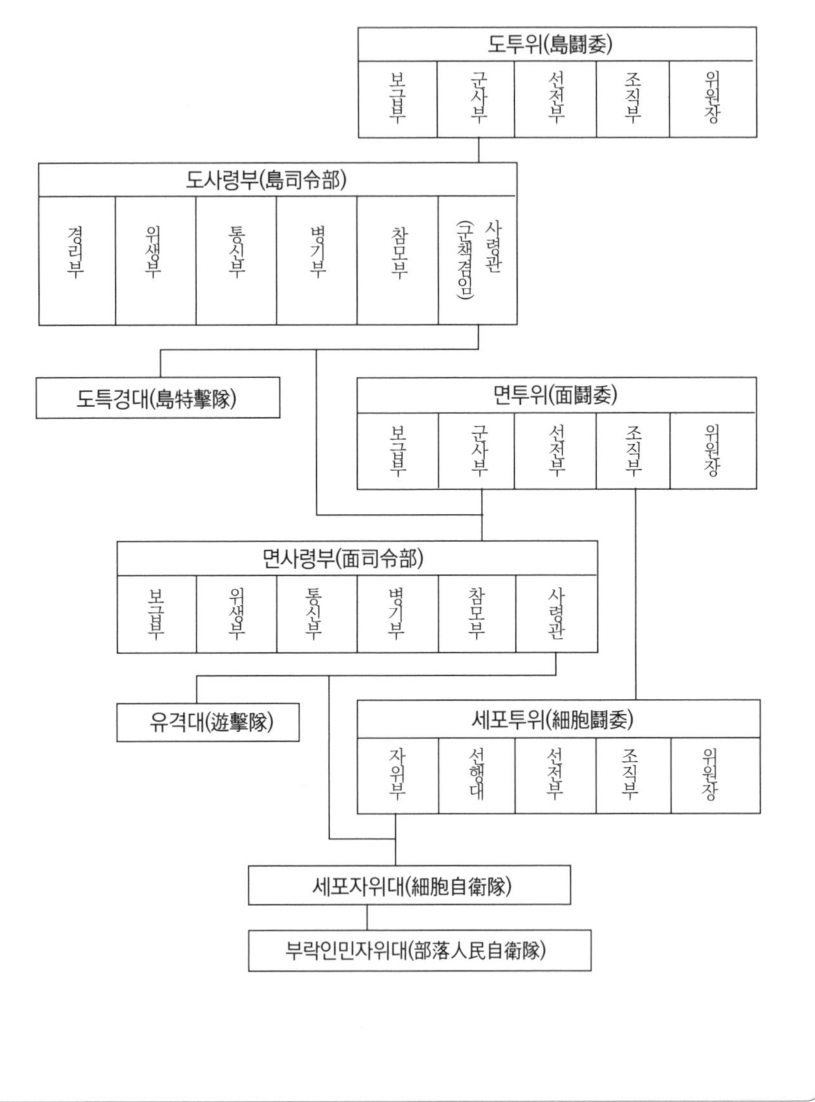

② 병력상(兵力上)의 정비(整備)

　전 유격대(遊擊隊)를 250명으로 정리(이것은 4・3투쟁 시 유격대(遊擊隊=톱 부대)와 자위대(自衛隊=후속 부대)와이 공동 작전의 결과, 투쟁 종료 후 다 같이 상산(上山)하여 공동생활을 하기 까닭에 일상생활 상의 혼란과 보급 문제로 인해서 250명으로 정리 강화하여 나머지는 하산시켰음. 그러나 그 후 재차 병력 확충의 필요성을 느껴 전원 400명 정도로 확충시켰음.

※해설※

　남로당제주도당은 총 5차례에 걸쳐 조직을 정비했으며, 그중 제1차 조직 정비는 4·3사건 직후에 이루어졌습니다.

조직 정비의 동기와 인원 조정

　4·3사건 당시 선발대 역할을 한 유격대(톱 부대)와 후속 부대였던 자위대가 합동 작전을 펼친 후, 이들 모두가 함께 산으로 들어와 공동생활을 시작했습니다. 이로 인해 일상생활의 혼란은 물론 보안, 이동, 보급 등에 여러 문제가 발생하여 조직을 그대로 유지하고 운용하기가 어려워졌습니다. 이에 따라 인원을 재조정할 필요성이 제기되었습니다.

　그 결과 정예 요원 250명을 선발하여 산에 남기고 나머지 병력은 일단 산 아래로 내려보내 마을 자위대에 흡수시켰습니다. 그러나 이후 투쟁 과정에서 병력 확충의 필요성을 느끼고 다시 400명 수준으로 병력을 늘렸습니다. 이는 자위대가 인민유격대의 병력을 보충하는 예비대로서, 필요

에 따라 인원을 차출하거나 돌려보내는 등 신축적으로 운용되었음을 보여
줍니다.

지휘 체계의 정비와 기능 세분화

제1차 조직 정비는 도당, 면당, 세포(마을)에 이르는 전 지휘 체계를 대
상으로 이루어졌으며, 이는 5·10 선거 반대 투쟁을 더 강화하기 위한 목
적이었습니다.

1. 도당(島黨) 지휘부
제주도당 구국투쟁위원회(도투위)의 기본 편제인 위원장, 조직부, 선전
부, 군사부, 보급부는 그대로 유지되었습니다. 가장 큰 변화는 군사부 산하
지휘부에서 일어났습니다. 작전이 점차 복잡해짐에 따라 기존의 도군사위
원회는 '도사령부'로 개편되었고, 임무를 세분화하여 사령관 아래에 참모
부, 병기부, 통신부, 위생부, 경리부를 신설했습니다. 참모부는 작전 지휘
역량을 강화하기 위해, 병기부는 무기 조달을 위해, 위생부는 부상자 치료
를 위해, 경리부는 자금 조달을 위해 설치된 전문 부서였습니다. 사령관 직
속으로는 특경대를 계속 운용했습니다.

2. 면당(面黨) 지휘부
각 면 구국투쟁위원회(면투위)의 편제는 기존과 변동이 없었으나, 군사
부 산하의 '각면군사위원회'는 '각면사령부'로 명칭을 바꾸었습니다. 도당
편제에 맞춰 사령부 기능을 참모부, 병기부, 통신부, 위생부, 보급부로 세
분되었습니다. 도당의 경리부가 면당에서는 보급부라는 이름으로 불렸으
나 그 임무는 유사했습니다.

3. 세포(細胞) 지휘부

면 투쟁위원회 조직부 산하의 각 마을 세포투쟁위원회(세포투위) 역시 기능이 세분화되었습니다. 기존에는 위원장, 조직부, 선전행동대만 있었으나, 여기에 선전부와 자위부를 추가했습니다. 자위부는 세포자위대와 마을인민자위대를 운용했는데, 부락(마을)인민자위대가 세포자위대의 예비대인지, 아니면 자연부락 단위의 별도 조직인지는 명확하지 않습니다.

세포 조직의 실체와 규모

제주도 전역에 걸친 세포 조직의 실체와 규모는 당시 미군정의 보고서나 남로당의 내부 문건을 통해 더욱 명확히 드러납니다.

1948년 7월 1일 자 브라운 대령의 보고서[4]에 따르면, 5·10 선거 이전에 이미 "공산주의 세포 조직이 제주도의 모든 마을과 도시에 조성되었다"라고 합니다. 보고서는 이 세포 조직이 '한 명의 지도자, 선동 전문가, 보급 전문가'로 구성되어 있다고 기록했는데, 이는 남로당의 조직체계도에 나타난 위원장, 선전부, 보급부의 역할과 정확히 일치합니다. 당시 제주도 내 법정 마을이 추자면을 제외하고 166개 리였다는 점을 고려하면, 남로당이 사실상 모든 마을의 인민위원회 위원장, 선전부장, 보급부장을 미리 지명해 두고 기존 정부의 붕괴 시 즉시 행정권을 장악하려 했음을 알 수 있습니다. 브라운 대령의 보고서는 또한 "외부에서 파견된 6명 정도의 훈련된 선동가와 조직가들이 제주도에 남로당을 설치"했으며, "공산주의를 이해하는 500~700명 정도의 동조자들이 이 운동에 참여했다"라고 추정했습니다.

---

4) 제주4·3위원회. 『제주4·3사건 자료집(9권)』. 2023. 38~53쪽.

　1947년 2월 12일 남로당 제주읍당이 각 세포 조직(야체이카)에 보낸 당비 독촉 지령서도 조직의 규모를 짐작하게 합니다. 지령서에는 "22세포를 제외하고는 아직까지 미납상태이므로 나머지 78세포에서는 시급히 납부"하라는 내용이 있는데, 법정 마을이 25개에 불과했던 제주읍에 100개에 달하는 세포가 있었다는 것은 놀라운 사실입니다. 이는 남로당이 마을 단위뿐만 아니라 각 기관, 단체, 기업, 학교 등에도 매우 치밀하게 조직을 구축했음을 보여줍니다. 또한 러시아 공산당 용어인 세포 야체이카를 자연스럽게 사용한 점은 이들의 이념적 뿌리를 다시 한번 확인시켜 줍니다.

제2차 조직 정비

투쟁보고서의 이 부분은 5·10 총선거를 전후하여 단행된 제2차 조직 정비에 관한 내용을 담고 있습니다. 2차 정비의 핵심은 각 면에 분산되어 있던 유격대를 도사령부 직속으로 일원화하여 지휘 체계를 중앙집권화하는 것이었습니다. 이를 통해 엄격한 규율과 신속한 행동을 보장하려는 작전상의 목적을 명시하고 있으며, 새로운 군대식 편제와 병력 구성을 보여줍니다.

또한 이 부분은 남로당제주도당이 5·10 선거를 분쇄하기 위해 중앙당의 지시에 따라 여러 조직을 정규 군대에 가까운 단일 지휘 체계의 군사 조직으로 재편했음을 알려줍니다. 이는 4·3사건이 대한민국의 건국을 조직적으로 방해하려는 명확한 군사적·정치적 투쟁이었음을 증명합니다.

3. 제2차 조직 정비(組織 整備)
(5·10 투쟁 직전에 착수하여 직후에 완료)

① 동기(動機)

　엄격한 규율과 치밀한 기밀 확보 그리고 신속한 행동을 보장하기 위한 작전상의 필요에 의하여 각면(各面) 투위(鬪委) 군사부 직속의 각 유격대(遊擊隊)를 도사령부(島司令部)직속으로 편성하게 되었음.

② 체계상(體系上)의 정비(整備)

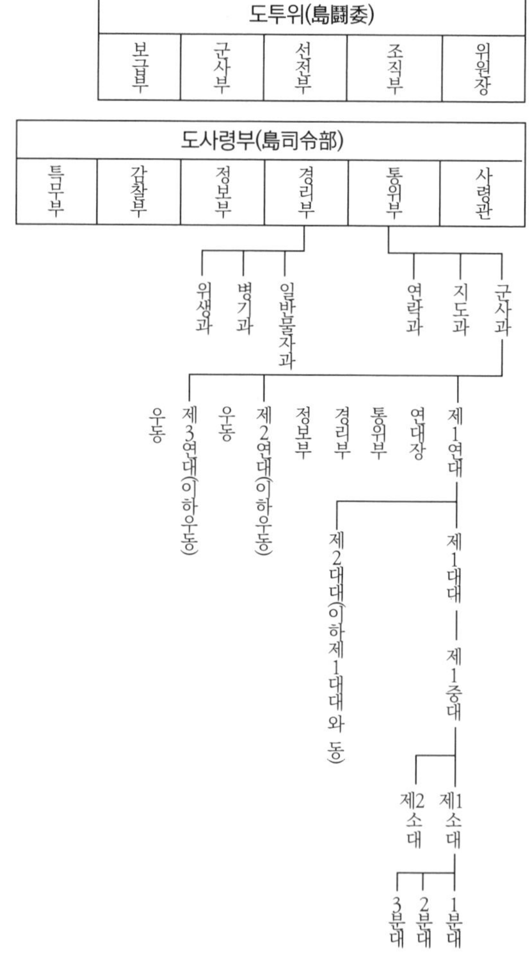

　　1분대 3인, 3분대 1소대(10명), 2소대 1중대(23명), 2중대 1대대 (49명), 2대대 1연대(110명)

　③ 병력
　3개 연대로서 370명(이 중 특무부=特務部 20명 함(含)) 특경을 해제하여 사령부 각 부문에 전원 배치하였음.

제주도당 지휘 체계 일원화

　제2차 조직 정비는 5·10 선거 직전에 착수하여 직후에 완료되었습니다. 이 정비의 가장 핵심적인 동기는 각 면 투쟁위원회 군사부 산하에 이중으로 나뉘어져 있던 유격부대들과 자위대를 합쳐 도당이 직접 지휘하는 인민유격대(인민군, 인민해방군)를 만들었습니다. 투쟁보고서는 그 이유를 '엄격한 규율과 치밀한 기밀 확보, 신속한 행동을 보장하기 위한 작전상의 필요'라고 밝히고 있습니다.

군대식 편제 도입과 병력 재편

　제2차 조직 정비는 지휘부를 보다 전문적인 군사 조직으로 바꾸었습니다. 제1차 정비에서 사령관 아래 참모부, 병기부, 통신부, 위생부, 경리부 체제였던 도당 군사령부는 사령관, 통위부, 경리부, 정보부, 감찰부, 특무부 체제로 개편되었습니다. 특히 기존의 참모부는 '통위부(統圍部)'로 개칭되고, 그 아래에 군사과, 지도과, 연락과를 두어 기능이 전문화되었습니다.

새로운 편제에 따라 군사과는 제1, 2, 3연대를 지휘하게 되었고, 각 연대 역시 연대장과 통위부, 경리부, 정보부를 갖춘 작은 사령부 형태로 구성되었습니다. 또한 도당 군사령부의 보급 기능은 일반물자과, 병기과, 위생과로 세분되어 강화되었습니다.

병력은 총 370명으로, 3개 연대를 중심으로 편성되었습니다. 부대 구성은 1분대 3명, 3개 분대가 모여 1개 소대(10명), 2개 소대가 1개 중대(23명), 2개 중대가 1개 대대(49명), 2개 대대가 1개 연대(110명)를 이루는 정규 군대식 편제를 따랐습니다. 3개 연대 병력 330명 외의 인원은 다음과 같이 충원되었습니다. 기존의 학생 특무조직이었던 특경대를 해체한 인원 20명과 기타 인원 20명을 합친 40명을 도당 군사령부의 각 부서에 추가로 배치하여 사령부 기능을 강화했습니다.

관련 기록을 통해 본 조직 개편

당시의 조직 개편 상황은 김봉현·김민주의 『제주도인민들의 4·3무장투쟁사』와 문국주의 『조선사회운동사 사전』, 김남식의 『남로당 연구 I 』에 기록되어 있는데 투쟁보고서에 없는 내용도 상세히 나와 있습니다.

세 기록 모두 남로당중앙당의 지시로 4월 15일 도당부 대회(대책회의)가 열렸다는 사실을 언급하며, 이 회의에서 5·10 단독선거를 저지하기 위한 대책이 논의되었다고 전합니다. 이들은 기존의 '자위대'를 해체하고 각 면에서 전투 경험이 풍부한 청년 30명씩을 선발하여 새로운 '인민유격대'를 조직했다고 기록했습니다. 또한 기동성을 확보하기 위해 부대를 3개의 연대(지대)로 편성했다고 나옵니다.

제1연대(3·1지대): 제주읍·조천면·구좌면, 책임자 이덕구

제2연대(2·7지대): 애월면·한림면·대정면·안덕면·중문면, 책임자 김봉천

제3연대(4·3지대): 서귀면·남원면·표선면·성산면, (책임자 명시되지 않음)

이 외에도 정보 수집 및 내부 감시를 위한 특경대(특별행동대. 별동대)를 별도로 조직했다고도 나와 있습니다.

조직 개편 과정에 대한 종합적 이해

다만 김봉현·김민주의 자료에는 마치 4·15 대책회의 이후에 '인민유격대'가 처음 창설된 것처럼 되어 있으나 남로당의 투쟁보고서 원문에 나왔듯이 4·3무장투쟁 직전부터 인민유격대(톱 부대)와 자위대(후속 부대)는 4·3사건 이전부터 이중적으로 편성되어 함께 작전을 수행했습니다.

따라서 조직 개편 과정은 다음과 같이 정리할 수 있습니다.

1. **4·3 이전:** 인민유격대와 자위대의 이중 구조로 편성 및 운용.
2. **4·3 직후:** 두 부대가 함께 입산하면서 발생한 혼란과 보급 문제를 해결하기 위해, 제1차 조직 정비를 통해 병력을 250명으로 일시 감축.
3. **4·15 대책회의 이후:** 제2차 조직 정비를 통해 기존 자위대를 인민유격대에 완전히 통합하여 정예 무장 게릴라 부대를 편성하고 유격대에 포함되지 않은 자위대원들은 각 마을로 돌아가 대기 인력으로 전환.

이후 산중에서의 무장투쟁은 도당 군사령부의 직접 지휘를 받는 단일화된 인민유격대 체제로 운용되었습니다.

제3차 조직 정비

투쟁보고서의 이 부분은 5월 말에 단행된 제3차 조직 정비에 관한 내용이 실려 있습니다. 3차 정비의 직접적인 동기가 된 것은 약 4,000명에 달하는 대규모 국방경비대가 제주도에 투입되어 포위 토벌 작전을 전개한 것입니다. 이에 대응하여 남로당 유격대는 정면충돌을 피하고 지하 활동을 강화하기 위해 병력을 대폭 감축했으며 조직을 더욱 기동성 있는 형태로 개편했습니다.

4. 제3차 조직 정비(組織 整備)
(5월 말일)

① 동기(動機)

국경(國警)의 대량 입도(入島)(약 4,000명)와 그의 포위 토벌전이 전개되자 충돌 회피와 비합법 태세 강화의 필요상 인원을 대량 감소 정리하게 되었음.

② 체계상(體系上)의 정비(整備)

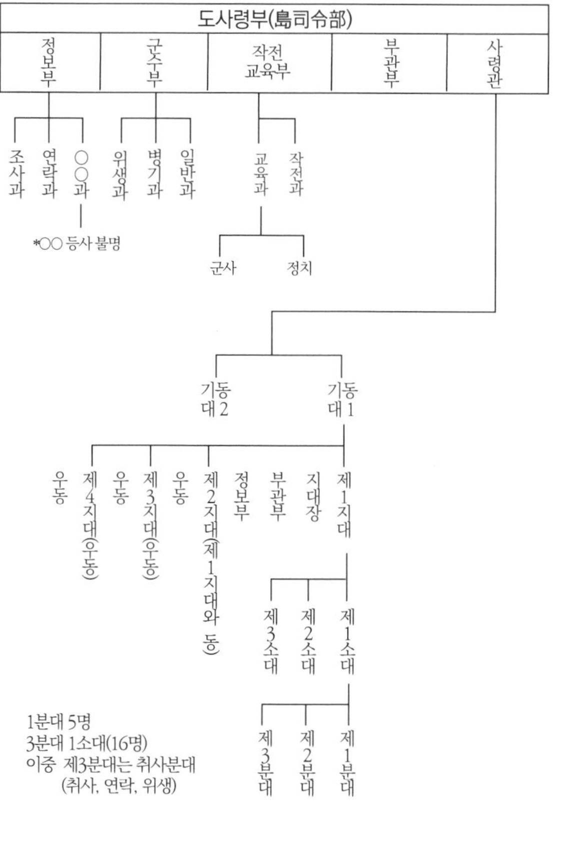

③ 인원정리(人員整理)

370명을 240명으로 정리

대규모 토벌 작전과 조직 축소

5·10 선거가 전국에서 유일하게 북제주 2개 선거구에서 무효로 돌아가자, 미군정은 제주도의 상황을 매우 심각하게 받아들였습니다. 당시 미국은 조속히 남한 단독정부를 수립하고 2차 세계대전의 피로를 덜며 명예롭게 철군하려는 계획이 있었습니다. 이에 미군정은 악화하는 제주 상황을 조기에 진압하기 위해 4월 20일, 진해에 주둔하던 제5연대 제2대대를 제주에 파견했습니다. 이로써 제주도 내 진압 병력은 약 4,000명으로 증강되었습니다.

국방경비대 병력 4,000명이 전개하는 대대적인 포위 토벌 작전에 심한 압박을 받게 된 남로당제주도당은 정면충돌을 피하고 비합법 투쟁을 강화하기 위한 대비책을 마련해야 했습니다. 그 결과 기존 370명이던 병력을 240명으로 감축하는 조직 정비를 단행했습니다.

기동대 중심의 조직 개편과 기능 전문화

제3차 조직 정비는 지휘 체계를 생존과 장기전에 맞게 바꾸었습니다. 도당 군사령부는 사령관 아래에 부관부(기존의 통위부를 개칭), 작전교육부, 군수부, 정보부를 두는 형태로 개편되었습니다.

가장 큰 변화는 전투 부대 편성이었습니다. 기존의 연대 편제를 해체하고, 사령관이 직접 지휘하는 제1·2기동대를 중심으로 재편했습니다. 기동대는 그 아래에 4개의 지대를, 각 지대는 3개의 소대를, 각 소대는 3개의 분대를 두는 구조였습니다.

사령부의 각 부서는 기능이 더 전문화되었습니다.

- **작전교육부:** 작전과와 교육과로 나뉘었고, 특히 교육과는 정치사상 교육과 군사 교육(기습, 매복, 총기 관리 등)을 각각 분담하여 전문성을 높였습니다.
- **군수부:** 일반과, 병기과, 위생과로 업무를 분담했습니다.
- **정보부:** 정보 수집으로 추정되는 'OO과'와 연락과, 조사과로 나뉘어 정보 역량을 강화했습니다.

부대 편성과 인원의 변화

최하위 전투 단위인 분대와 소대의 구성에도 변화가 있었습니다. 1개 분대 인원은 3명에서 5명으로 늘었고, 2개 분대로 편성되던 소대는 3개 분대가 모여 소대장을 포함한 16명으로 보강되었습니다. 특히 각 소대의 제3분대는 취사, 연락, 위생 등 비전투 임무를 전담하도록 했습니다.

개편된 편제에 따라 병력을 계산해 보면, 1개 소대 16명, 3개 소대가 모인 1개 지대는 48명, 4개 지대로 구성된 제1기동대의 총원은 192명이 됩니다. 투쟁보고서의 조직도에는 제2기동대의 편성이 나와 있지 않아 정확한 규모를 알 수 없습니다. 하지만 총원 240명에서 제1기동대 인원 192명을 빼면 제2기동대는 48명이라는 계산이 나옵니다.

[원문 5]
제4차 조직 정비

  투쟁보고서의 이 부분은 6월 18일에 착수된 제4차 조직 정비에 관한 내용이 나옵니다. 4차 정비의 동기를 '새로운 투쟁에 대비'하기 위함이라고 밝히고 있으나, 핵심적인 조직 체계에 관한 부분은 원문 훼손으로 내용을 확인할 수 없습니다. 다만 부대 편성과 총병력에 대한 수치가 기록되어 있어 조직의 규모 변화를 엿볼 수 있습니다.

  이 부분의 핵심은 조직 정비가 단행된 '6월 18일'이라는 시점에 있습니다. 이날은 진압 작전의 총책임자였던 박진경 연대장이 암살된 날로, 이 사건은 4·3사건의 전개 과정에서 중대한 변곡점 중 하나였습니다. 따라서 4차 조직 정비는 단순한 내부 재편이 아니라, 최고 지휘관을 잃은 토벌대의 대대적인 반격과 그로 인해 격화될 새로운 투쟁 국면에 대비하기 위한 긴급한 군사적 조치였음을 시사합니다.

5. 제4차 조직 정비(組織 整備)
(6월 18일 착수)

① 동기(動機)

　새로운 투쟁에 대비하여 조직의 시급한 정비, 강화가 긴요하게 되었음.

② 체계상(體系上)의 정비(整備)

　…… 이하 등사 불명 ……

③ 병력(兵力)

　1지대(支隊)가 3소대로 편성되며 1지대(支隊) 인원수는 60명, 4개 지대 합계 240명에 도사령부(島司令部) 26명으로서 총계 266명임.

※해설※

박진경 대령 암살과 새로운 국면

　투쟁보고서는 제4차 조직 정비의 동기를 "새로운 투쟁에 대비하여 조직의 시급한 정비, 강화가 긴요하게 되었음"이라고 간략히 언급합니다. 여기서 말하는 '새로운 투쟁'이란 조직 정비가 시작된 6월 18일, 국방경비대 제11연대장이자 진압 작전의 책임자였던 박진경 대령이 암살되면서 전개될 위중한 상황을 의미합니다. 유격대로서는 박 대령 암살 이후 국방경비대가 어떻게 나올지 분석하고, 그에 맞는 새로운 대책과 투쟁 방식을 마련할 필요가 있었던 것입니다.

실제로 최고 지휘관이 암살되자 국방경비대는 초긴장 상태에 돌입했습니다. 당분간은 진압 작전보다 암살범 수사에 총력을 기울일 수밖에 없어, 대규모 작전은 현상 유지 상태에 머무를 것으로 예상되었습니다. 유격대는 이 시기를 활용해 전열을 재정비하고자 했던 것으로 보입니다.

조직 체계와 병력 변화

이번 제4차 조직 정비의 구체적인 조직 체계는 투쟁보고서 원본의 해당 부분이 "등사 불명"으로 정확히 알 수 없습니다. 다만 바로 같은 날 제5차 조직 정비에 착수한 것으로 미루어 볼 때, 제4차 정비의 조직 구조가 제5차의 것과 크게 다르지는 않았을 것으로 추정됩니다.

병력면에서는 변화가 있었습니다. 3개 소대가 모여 1개 지대를 구성하고, 1개 지대의 인원은 60명이었습니다. 총 4개 지대 240명에 도사령부 인원 26명을 더해, 총병력은 266명으로 편성되었습니다. 이는 제3차 정비 당시의 총원 240명에서 도사령부 인원을 합친 규모입니다.

[원문 6]
제5차 조직 정비

투쟁보고서의 이 부분은 6월 18일에 착수하여 7월 15일에 완료된 제5차 조직 정비에 관한 내용으로, 투쟁보고서에 기록된 마지막이자 가장 상세한 조직 개편입니다. 여기에는 강력한 당의 정치적 통제, 엄격한 규율, 신속한 행동 등 조직의 핵심 목표가 명시되어 있으며, 복잡한 지휘 체계와 함께 총병력 501명이라는 구체적인 수치, 그리고 대폭 강화된 무기 현황이 상세히 기록되어 있습니다.

5차 조직 정비는 남로당 유격대가 조직적, 군사적으로 최정점에 도달했음을 보여줍니다. 특히 소련식 '정치위원' 제도를 도입하여 당의 군사 통제를 극대화하고, 투쟁 역사를 기리는 상징적 부대명을 부여하여 이념적 결속을 다졌습니다.

6. 제5차 조직 정비(組織 整備)

(6월 18일부터 착수하여 7월 15일 정비 완료 현재는 이 제5차 조직 정비에 의하여 편성되어 있음. 다음 ①의 조직 현세에서 상세히 진술키로 함.)

① 조직 현세(組織現勢) (7월 15일 현재)
  ㉮ 당면 조직 문제의 중점
    ㄱ. …… 이하 등사 불명 ……
    ㄴ. 강력한 당의 정치적 지도 통제
    ㄷ. 엄격한 규율 확립
    ㄹ. 치밀한 기밀 보장
    ㅁ. 행동의 신속화
    ㅂ. 신축성과 기동성 보유

② 현 조직 체계(現組織體系)
③ 현병력(現兵力)
  ㄱ. 인원수(人員數)

각급 지도부(各級指導部)	35명
통신대(通信隊)	34명
유격대(遊擊隊)	120명
특무대(特務隊)	312명 (단 ……)
	※ 괄호 내 18자 등사 불명
계(計)	501명

현 조직 체계(現組織體系)

도군사령부(島軍司令部)
도당위원장 (島黨委員長)
정치부원
사령관
작전교육부 (작전참모) (1명)
정보부 — 통신부 (1명)
보급부 (1명)
병기부 (1명)
위생부 (1명)

※ ○등 사불명

제50지대 전원137명 지대장 정치부원
작전교육과
정보과
보급과
병기과
위생과
통신과 (7명)

제43지대 전원124명 지대장 정치부원
(14명)
작전교육과
정보과
보급과
병기과
위생과
통신과 (7명)

제31지대 전원126명 지대장 정치부원
(14명)
작전교육과
정보과
보급과
병기과
위생과
통신과 (7명)

제30지대 전원○명 지대장 정치부원
(13명)
작전교육과
정보과
보급과
병기과
위생과
통신과 (7명)

제411 조천면 24특무대
제412 구좌면 34특무대
제413 성산표선 24특무대
제414 남원면 12특무대

제311 한림면 44특무대
제312 대정면 24특무대
제313 안덕면 12특무대

제211 애월면 34특무대
제212 중문면 24특무대
제213 서귀면 24특무대

제111 읍가두 특무대 (12명)
제112 읍가두 특무대
읍농촌

유격대 (30명)
유격대 (30명)
유격대 (30명)
유격대 (30명)

제150 소대 10명
제151 소대 10명
제152 소대 10명
제129 소대 10명
제130 소대 10명
제131 소대 10명
제93 소대 10명
제94 소대 10명
제95 소대 10명
제81 소대 10명
제82 소대 10명
제83 소대 10명

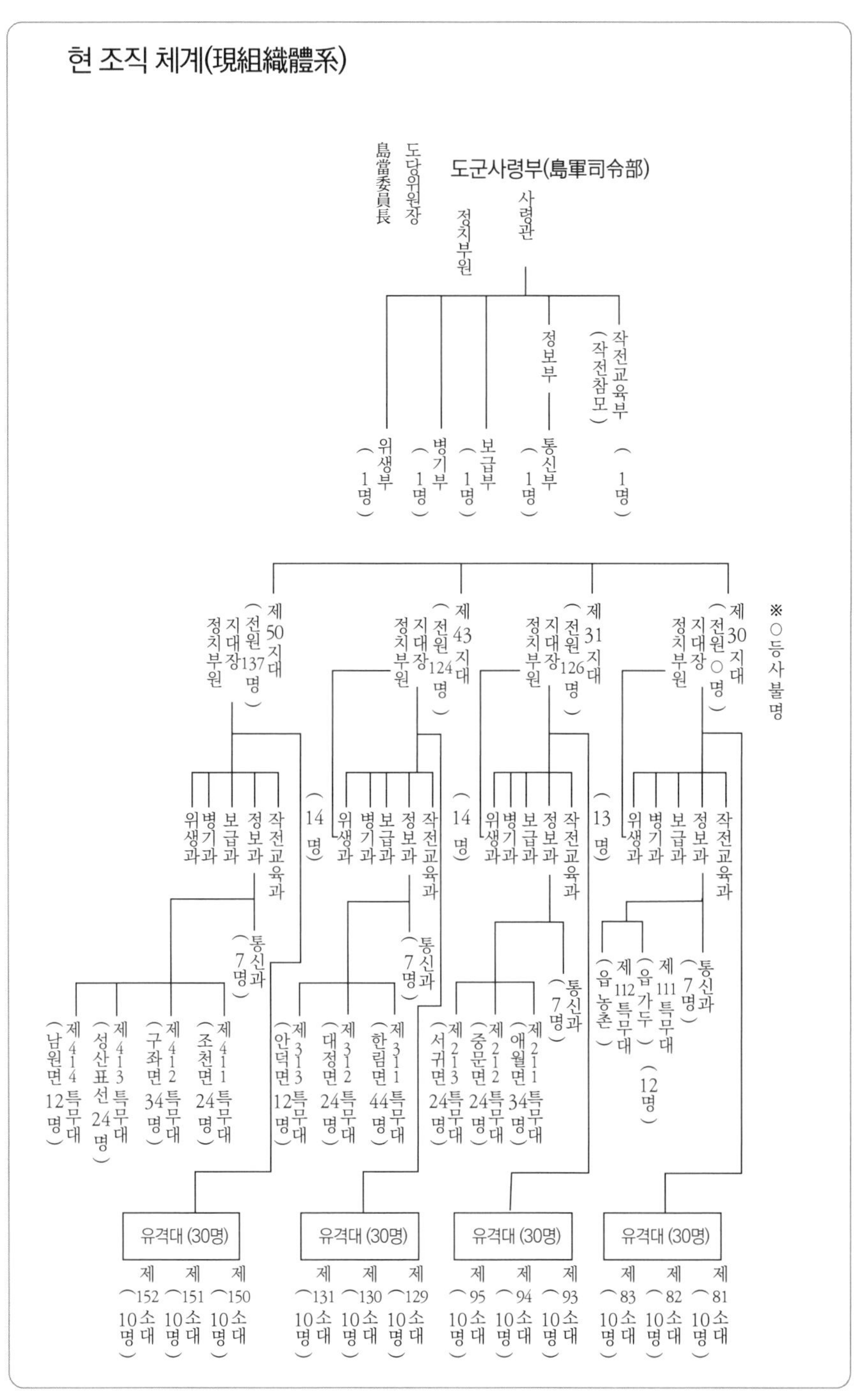

ㄴ 병기(兵器)

　㊀ 소총 -

M1	6정(挺)
칼빙	19정(挺)
99식	117정(挺)
44식	4정(挺)
30년식	2정(挺)
계(計)	147정(挺)[5]

　㊁ 소총 탄환(小銃彈丸) -

M1	1,396발(發)
칼-빙	1,912발(發)
99식	3,711발(發)
44식, 30년식	721발(發)
계(計)	7,740발(發)

　㊂ 경기관총(輕機關銃)(일본제)　1정(挺)
　㊃ 척탄통(擲彈筒)　2문(탄환 8발(發))
　㊄ 수류탄　43발(發)
　㊅ 다이너마이트　69발(發)
　㊆ 신호탄　2개(發)
　㊇ 군도(軍刀)　16정(丁)
　㊈ 권총 6연발　1정(丁)
　　　8연발　6정(丁)

---

5)　원저자 주 : 1 정(挺) 계산 착오

10연발	1정(丁)
계(計)	8정(丁)
탄환 계(計)	119발(發)

⊕ 기타 라이깡 103발(發), 지뢰 라이깡 8발(發), 포탄 4발(發) 등

④ 주의(注意)

㉠ 각급 정치부원은 상급 정치원 소속, 최상급 정치부원은 도당책
(島黨責) 소속임.

㉡ 특무대(特務隊)는 지대(支隊) 정보과 소속
임무- 정보 수집, 개인 테로, 군(軍) 활동에 호응 보급의 원조 등
조직- 각 면에 특무대장 1명과 연락원 수명을 두며 그 외에 3인 1
분대, 1소대(10명)로 하고 1개 부락에 1인~2인 정도로 조직
하되 특무대원은 세포로부터 제외한다.

㉢ 사령부 및 지대를 사령관(지대장)과 정치부원과 작전참모(작전
교육과책)의 3인으로써 최고 지도부 구성함.

㉣ 각 지대 중 특무대(特務隊)는 각 면 각 부락에 주둔하되 지대 지
도부 통신대 각 유격대(遊擊隊) 소대는 지대 지도부 중심으로 밀
집 생활함.

※해설※

당(黨)의 통제 강화를 위한 최종 정비

제5차 조직 정비는 제4차 정비와 같은 날인 6월 18일에 착수하였습니
다. 이는 4차 정비만으로는 부족하여 즉각적인 보완이 필요했음을 시사합

니다. 이 정비의 핵심 목표는 '강력한 당의 정치적 지도 통제', '엄격한 규율 확립', '치밀한 기밀 보장', '행동의 신속화', 그리고 '신축성과 기동성 보유'였습니다.

가장 큰 특징은 도당 군사령부와 4개 지대에 소련식 '정치부원(정치위원)'을 배치한 것입니다. 정치부원은 형식상 지휘관을 보좌하는 위치에 있었지만, 실제로는 지휘관과는 별개의 상급 정치위원에게 소속되어 상부의 지침을 직접 전달하고 지휘관의 임무 수행을 감시·감독하는 막강한 실권자였습니다. 당시 미군정 보고서 역시 "제주도에서 중대장들은 소련을 본받은 전형적인 게릴라 조직의 유형이 된 정치업무를 관장하는 부중대장의 보좌를 받는다"라고 기록하여 이러한 체제를 확인시켜 줍니다.

상징적 부대명과 특무대의 운용

제5차 정비에서는 4개의 지대에 각각의 투쟁 역사를 상징하는 고유한 숫자를 부여하여 부대 이름으로 삼았습니다.

- **제30지대**: 3·10 총파업을 의미하며, 총원 106명으로 제주읍 일대를 담당했습니다.
- **제31지대**: 3·1 운동 기념 투쟁을 의미하며, 총원 126명으로 애월·중문·서귀면을 담당했습니다.
- **제43지대**: 4·3 무장반격전을 의미하며, 총원 124명으로 한림·대정·안덕면을 담당했습니다.
- **제50지대**: 5·10 선거 반대 투쟁을 의미하며, 총원 137명으로 조천·구좌·성산·표선·남원면을 담당했습니다.

또한 '특무대(特務隊)'의 역할과 운용 방식을 구체화했습니다. 특무대
는 각 지대 정보과 소속으로 정보 수집, 요인 암살(개인 테러), 국방경비대
와의 연계 관계 구축 등의 임무를 맡았습니다. 이들은 각 면의 마을에 1~2
명씩 주둔하며 활동했는데, 당의 최하부 조직인 '세포'와는 별개로 운용되
었습니다. 이는 유격대 주력 부대가 산간 지역에 밀집하여 생활하는 것과
달리, 특무대는 민간 지역에 깊숙이 침투하여 활동했음을 보여줍니다. 이
들의 암약은 4·3사건 전 기간을 통하여 군경민에게 수많은 인명 피해를
초래했습니다.

병력과 무장의 대대적 강화

제5차 정비를 통해 총병력은 501명(각급 지도부 35명, 통신대 34명,
유격대 120명, 특무대 312명)으로 많이 늘어났습니다. 이는 제4차 정비
당시의 266명에서 대폭 증가한 수치입니다. 대한민국 정부가 발간한 「제
주4·3사건 진상조사보고서」에는 "4·3사건 전 기간에 걸쳐 무장세력은
500명 선을 넘지 않았던 것으로 판단된다"라고 기록되어 있는데, 이는 투
쟁보고서의 이 수치를 근거로 했을 가능성이 있습니다. 그러나 산중 유격
대에 결원이 생길 때마다 마을의 자위대에서 인원이 계속 보충되었기 때
문에 실제 동원 가능 인원은 500명을 훨씬 능가했을 것입니다. 실제로 브
라운 대령의 보고서는 폭동이 최고조에 달했을 때는 도내 전 마을에 조직
된 세포조직을 제외하고도 유격대의 규모를 4,000명으로 추정했습니다.

무장 상태 역시 이전과는 비교할 수 없을 정도로 강화되었습니다. M1,
카빈 등 소총이 148정으로 늘고 총탄도 7,740발을 확보했으며, 경기관총,
수류탄, 다이너마이트까지 보유하여 토벌 군경에게는 매우 큰 위협이 되
었습니다. 이러한 무기 증강은 국방경비대 내부의 협력 없이는 불가능한

일이었습니다. 당시 오일균 대대장, 문상길 중대장, 김익렬 연대장 등이 총기나 실탄을 제공했고, 특히 문상길의 지시에 따라 9연대 병사 41명이 무기를 소지한 채 집단 탈영해 유격대에 합류했으며, 프락치 고승옥과 문덕오 등이 무기를 빼돌려 전달한 결과로 추정합니다. (이 내용은 [원문 17] 국경으로부터 유격대에 대한 원조 경위에서 상세히 설명합니다.)

제1차 작전

이 부분은 투쟁보고서 '작전 면'의 첫 부분으로, 4·3투쟁을 위한 준비 기간에 대한 내용입니다. 이것은 4·3사건이 민중 봉기가 아니라 사전에 치밀하게 계획된 '작전'이었음을 보여줍니다. 특히 이들이 특정 무기를 확보하지 못해 작전이 실패했다고 평가한 대목은, 4·3사건이 뚜렷한 군사적 목표를 가진 계획된 공격이었음을 알려줍니다.

二. 작전 면(作戰面)

① 제1차 작전(作戰)
   (3월 15일 이후 4월 2일까지의 약 18일간)

   4·3(사건) 투쟁을 위한 조직 준비(자위대=自衛隊)와 병기 준비 그리고 정보 수집 기간이었음.

   이 기간 중에 있어서 적의 집합적 탄압(集合的 彈壓)과 조직의 여지없는 파괴 속에서 극비 합법리에 유격대(遊擊隊=톱 부대) 100명과 자위대(自衛隊=후속 부대) 200명 계(計) 300명과 무기 소총, 권총 합계(合計) 30정(挺) 확보에 성공하였으나 가장 중요한 수류탄과 휘발유탄을 구입 못해서 이것이 4·3 투쟁에 실패의 결정적인 한 원인이 되었음.

4·3 투쟁의 준비 과정

   투쟁보고서에서 '제1차 작전'으로 명명된 기간은 3월 15일부터 4·3사건 전날인 4월 2일까지의 18일간으로, 4·3투쟁을 위한 준비 기간을 의미합니다. 작전 개시일로 잡은 3월 15일은 남로당전남도당에서 파견된 올구의 주재 아래 4·3 무장반격전을 기획하고 결정한 날입니다.

유격대의 자체 평가

투쟁보고서는 이 준비 기간 동안 집단적 탄압으로 조직이 파괴되는 상황 속에서도 극비리에 활동했다고 밝힙니다. 그 결과 선발대인 유격대 100명과 후속 부대인 자위대 200명을 합쳐 총 300명의 병력과 소총 및 권총 30정을 확보하는 데 성공했다고 기록했습니다.

그러나 유격대는 스스로 4·3투쟁을 실패했다고 판단했는데, 그 결정적인 이유로 가장 중요하게 여겼던 수류탄과 휘발유탄을 구하지 못했다는 점을 꼽았습니다. 이는 그들이 원래 더 대규모의 공격을 계획했음을 시사합니다.

제2차 작전

　투쟁보고서의 이 부분은 4월 3일의 무장 폭동 실행과 그 후 18일간의 상황을 다루고 있습니다. 국방경비대의 불참으로 제주읍 공격은 실패했지만, 12개 지서 습격에는 성공했다며 자신들의 전과와 노획품, 그리고 인명 살상 상황을 상세히 기록하고 있습니다.

　이 부분은 4·3사건 당시 유격대의 작전 계획과 그 결과를 자신의 시각에서 서술한 핵심 기록이라는 점에서 중요합니다. 또한 이들이 제시한 전과(戰果) 보고는 대한민국 공식 보고서보다 경찰의 피해 상황이 더 정확히 기록되어 있어서 투쟁보고서의 사료적 가치를 역설적으로 입증합니다.

② 제2차 작전(作戰)

　(4월 3일 이후 4월 20일까지의 약 18일간)

　4월 3일 오전 2시~4시를 기하여 8·15해방 이후 제주도 초유의 무장 반격 투쟁을 전개, 작전 면에 있어서 제주도 반동의 아성인 제주읍(濟州邑) 성내(城內) 특히 감찰청(監察廳)과 제1구서(第1區署) 분쇄는 국경(國警)에게 담당시키기 위하여 성내에 20명의 학생특무원(特務員)을 연락병으로써 침입시키고 나머지 14개 지서에 400명을 배치하였으나 결국 별지와 같이 국경(國警)의 투쟁 불참가로서 거점 분쇄는 실패하고 나머지 14개 지서 습격 계획 중 12개 지서 습격에 전면적으로 성공하여 여좌(如左)한 성과를 획득하였음.

　① 지서 습격 수 12개 지서

　외도(外都), 구엄(舊嚴), 애월(涯月), 한림(翰林), 대정(大靜), 남원(南元), 성산(城山), 세화(細花), 함덕(咸德), 조천(朝天), 삼양(三陽), 화북(禾北)

　② 아부대　350명

　③ 적에 준 타격
　　㉠ 지서 소각 및 파괴 수
　　　㊀ 지서 완전 소각
　　　㊁ 지서 반 소각㊂ 지서 반 파괴[6]

---

6)　원저자 주 : 이상 지서 소각, 파괴 수는 투쟁 면 통계 참조

ⓛ 경관- 사망   10명
　　동　부상   4명
　　경관 가족 사망   3명
　　경관 포로   1명
ⓒ 반동 - 사망   4명
　　동　부상   3명
　　반동 가족 사망   3명
　　동 가족 부상   1명
　　서청 사망   7명
　　반동 포로   4명
② 반동 가옥 소각 2호(戶)

④ 노획품(노獲品)(무기뿐)
　　　　　군도(軍刀)   1정(丁)
　　　　　칼빙 소총   7정(挺)
　　　　　44식 소총   1정(挺)
　　　　　공기총   1정(挺)

⑤ 우리의 희생 사망 4명
이후 진영을 정비하면서 주목표를 지서 습격에 두고 일면으로는
견제작전으로서의 신경전을 극력 강화시킴.

4·3 무장 폭동의 계획과 결과

투쟁보고서의 '제2차 작전'은 4월 3일 새벽 2시에서 4시 사이에 감행된 무장 폭동과 그 후 4월 20일까지의 전황을 다룹니다. 이 기간 중인 4월 15일에는 남로당중앙당의 지시에 따라 5·10 선거 저지 투쟁을 결의하는 '제주도당부 대회'가 열리기도 했습니다.

유격대의 작전 계획은 이원화되어 있었습니다.

1. **제주읍 핵심 거점 공격 계획:** 이 작전의 핵심은 남로당이 제9연대에 심어놓은 프락치 고승옥[7] 하사관이 동원하겠다고 약속한 200명의 경비대 병력이었습니다. 유격대는 이 병력을 주력으로 삼아 '반동의 아성'인 제주경찰감찰청과 제1구서를 분쇄할 계획이었습니다. 이를 위해 학생으로 구성된 특무원 20명을 제주읍 내에 침투시켜 경비대 병력의 길 안내와 연락 임무를 맡겼습니다. 그러나 약속과 달리 제9연대 병력이 출동을 거부하면서 이 계획은 실패로 돌아갔습니다.

---

7) 고승옥(高升玉, 1925~1950)은 대정면 보성리에서 태어났으며, 일본으로 건너갔다가 해방이 되자 귀향했습니다. 귀향 후 좌익 성향의 인민위원회에서 활동하다가 경찰의 감시를 받게 되자, 이를 피하려고 제9연대 창설 당시 1기생으로 입대하여 남로당 프락치의 임무를 수행했습니다. 4·3사건 발발 이후에는 9연대를 탈영하여 인민유격대에 합류했습니다. 6·25 전쟁 발발 직후, 그는 백창원, 송원병과 함께 '인민군이 목포까지 왔으니 그들이 제주에 상륙한 이후에 활동해야 한다'라고 주장했으나, 투쟁 정신이 없다는 이유로 그날 밤 강경파 허영삼 김성규 등에 의해 포박당하고 이튿날 처형되었습니다. 이때 함께 숙청된 백창원과 송원병은 현재 4·3희생자로 등록되어 있습니다. 온갖 만행을 저지른 유격대의 지도부였던 인물들이 내부 권력 다툼으로 숙청된 것을 두고, 과연 4·3희생자로 보아야 하는지는 의문입니다.

2. **경찰지서 습격 계획**: 제주도 내 24개 경찰지서 중 14곳을 자체 양성한 유격대와 자위대 400명으로 공격한다는 계획이었습니다. 투쟁보고서는 이 중 12개 지서(외도, 구엄, 애월, 한림, 대정, 남원, 성산, 세화, 함덕, 조천, 삼양, 화북) 습격에 전면적으로 성공하여 큰 성과를 올렸다고 자평했습니다. 당시 동원된 인원은 투쟁보고서 상 350명으로 기록되었으나, 실제 동원된 인원은 459명으로 파악됩니다.

남로당의 전과와 피해 분석

투쟁보고서에 기록된 남로당의 전과는 다음과 같습니다.

- **물적 전과**: 경찰지서 6곳을 완전히 소각하고 3곳을 파괴했으며, 우익 인사 가옥 2채를 소각했습니다.
- **노획품**: 군도 1정, 카빈총 7정, 44식 소총 1정, 공기총 1정을 확보했습니다.
- **남로당 측 피해**: 사망 4명이었습니다.

인명 피해 기록은 특히 주목할 만합니다. 투쟁보고서는 경찰 10명, 경찰 가족 3명, 우익 인사(반동) 4명, 우익 인사 가족 3명, 서북청년회원 7명 등 총 27명을 살해했다고 기록했습니다. 이는 남로당의 기습적인 공격으로 경찰과 우익 진영이 일방적인 피해를 보았음을 보여줍니다.

경찰			경찰가족	우익 민간인			우익가족		서청	인민유격대
사망	부상	포로	사망	사망	부상	포로	사망	부상	사망	사망
10	4	1	3	4	3	4	3	1	7	4

여기서 중요한 점은 경찰 사망자 수입니다. 대한민국 정부가 공식 발간한 「4·3사건 진상조사보고서」에는 4월 3일 당일 경찰 사망자가 4명으로 기록되어 있습니다. 그러나 남로당 투쟁보고서는 10명이라고 밝혔고,『제주경찰 70년사』에 기록된 4월 3일 전사 경찰관도 역시 10명(강성언, 고승주, 고일수, 김록만, 김영부, 김장하, 김치호, 선우중태, 이덕호, 이무웅)으로 남로당의 주장과 일치합니다.

이는 4·3정부보고서가 경찰의 피해를 축소했음을 의미합니다. 당시 전사한 경찰관 10명 중 선우중태와 이무웅은 연고자가 없어 보상금조차 받지 못했으며, 4·3사건 전 기간에 걸쳐 순직한 경찰관 179명 중 38명은 현재 국립제주호국원에 무연고자로 안장되어 있습니다.

제3차 작전

투쟁보고서의 이 부분은 인민유격대가 4월 20일부터 5·10 선거 직전까지 조직을 수습하고 확대하기 위해 마을에 주둔하기 시작했으며, 동시에 '반동 숙청'에 주력했다고 밝히고 있습니다.

5·10 선거 직전까지 반동을 숙청했다는 것은, 남로당 인민유격대가 5·10 총선거를 저지하기 위해 살인, 방화, 테러, 협박 등의 폭력 행위를 자행했음을 뜻합니다.

③ 제3차 작전(作戰)

　　(4월 20일 이후 5·10직전까지)

　　조직 수습과 확대 강화의 엄호 투쟁을 전개하기 위하여 부락 주둔을 개시, 동시에 반동 숙청에 주력

※해설※

5·10 선거 저지를 위한 총력 투쟁

투쟁보고서의 '제3차 작전' 기간은 5·10 선거를 저지하기 위한 마지막이자 가장 강력한 투쟁 기간이었습니다. 5·10 선거 반대 투쟁은 전국적인 현상이었지만, 제주도는 그 양상이 유독 극심했습니다. 유격대와 자위대는 투표일이 다가오자 투표소에 불을 지르고, 투표함과 선거 서류를 탈취해 소각했습니다. 또한 선거관리위원, 선거인, 우익 인사를 살해하거나 테러, 협박을 가했으며, 심지어 유권자들을 산으로 강제로 끌고 가 선거가 끝날 때까지 억류하는 일도 서슴지 않았습니다. 이와 함께 "토지를 무상으로 분배하고 모두가 평등하게 잘 사는 세상이 온다."라는 식의 선전·선동 역시 효과를 거두었습니다.

전국적 선거 열기와 제주의 역행

북한과 남로당의 극렬한 방해 공작에도 불구하고, 1948년 5월 10일 제헌국회의원 선거는 전국적으로 투표율 95.5%라는 국민의 압도적인 참여 속에 성공적으로 치러졌습니다. 이는 한반도 역사상 최초로 보통·평등·직접·비밀 선거의 4대 원칙이 적용된 민주 선거였으며, 대한민국 건국

의 초석이 되었습니다.

당시 본토의 민심은 남한 단독정부 수립으로 기울고 있었습니다. 그 이유는 다음과 같습니다. 첫째, 사람들은 1946년 9월 총파업과 10·1 대구 폭동, 1948년 2·7 폭동 등을 겪으며 남로당의 폭력성에 환멸을 느꼈습니다. 둘째, 북한에서 재산을 몰수당하고 생명의 위협을 피해 월남한 100만여 명의 사람들이 북한의 참상을 폭로하며 실상이 알려졌습니다. 셋째, 북한이 이미 1946년부터 사실상의 단독정부인 북조선임시인민위원회를 운영해 왔다는 사실을 남한 국민도 알게 되었습니다. 넷째, 38선으로 인한 분단 상태가 단기간에 해소되기 어려우며 장기화할 것이라는 인식이 사회 전반에 퍼졌습니다. 이러한 상황 속에서 대다수 국민은 통일정부 수립이 현실적으로 불가능하다면, 차선책으로 남한만이라도 자유민주주의 국가를 세우는 것이 불가피하다는 공감대가 형성됐던 것입니다.

그러나 유독 제주도만은 이러한 전국의 민심 흐름에서 벗어나 역행했습니다. 4·3을 주도한 남로당은 폭력과 선전·선동으로 공산주의가 무엇인지도 모르는 선량한 도민들을 현혹하고 협박하여 선거를 무산시켰습니다. 이로 인해 제주도에 대한 부정적 인식이 생겨났고, 수많은 도민이 희생되는 비극적인 결과를 낳았습니다. 훗날 6·25 전쟁이 발발하자, 제주 청년 3,000명(여성 해병 126명 포함)이 해병대 3·4기로 자원입대하여 인천상륙작전 등에서 활약하며 '무적해병'의 신화를 만든 것은 이러한 제주도에 대한 부정적 인식을 불식시키고 명예를 되찾고자 하는 노력이었습니다.

제주도 선거 무산의 원인 분석

유독 제주도에서만 선거가 무산된 원인은 다음과 같이 분석합니다.

1. **지리적 고립:** 섬이라는 특성상 국내외 정세에 어두웠고, 남한 단독 정부 수립의 불가피성을 공감하던 본토의 민심 흐름을 제대로 알지 못했습니다.

2. **남로당의 막강한 세력:** 1·22 검거 사건 때 체포되었던 남로당 핵심 인물들이 모두 석방되어 활동을 재개하면서 세력이 온존했고, 『4·3은 말한다』에 따르면 봉기 직전 당원 수가 5,000~6,000명에 이를 정도로 크게 성장해 있었습니다.

3. **중앙당의 부추김:** 남로당중앙당과 전남도당은 "1949년에 김일성이 남침할 것이니 북에서 내려오고 제주에서 치받으면 승리는 문제없다.", "미국은 국내 문제라 간섭하지 않을 것이다.", "본토에서도 강력한 투쟁을 하기 때문에 이를 진압하기 위해선 제주도에 지원할 병력이나 물자가 없게 된다.", "6개월에서 1년만 버티면 된다."라는 등의 선동으로 제주도당을 현혹했습니다.

4. **젊은 지도부의 모험주의:** 주동자인 김달삼(23세)과 이덕구(28세) 등 젊은 지도부는 영웅주의 출세주의 명예욕에 불타 무모한 투쟁을 강행했습니다. 당시 김달삼은 남로당 중앙위원인 강문석의 사위라는 위세를 업고 신중론을 펼치던 노장층을 위축시키며 승리를 자신했습니다.

5. **폭력과 협박:** 무엇보다 가장 큰 원인은 남로당이 살인, 방화, 납치, 테러, 협박 등 극단적인 방법으로 선량한 도민들을 위협하여 투표 자체를 하지 못하도록 강제한 것입니다.

한편 이 작전 기간 중인 5월 6일, 기존의 제9연대장 김익렬 중령이 전출되고 후임으로 박진경 중령이 부임하여 진압 작전의 지휘 체계에 변화가 있었습니다.

제4차 작전

　투쟁보고서의 이 부분은 유격대가 자신들의 군사적 성공에 도취해 있던 폭력적인 시기가 기록되어 있습니다. 이들은 5월 10일 선거일부터 5월 26일까지의 기간을 자신들의 투쟁이 '최고도의 앙양과 진출, 그리고 전과'를 보인 정점이었다고 평가합니다. 선거 당일의 투표 방해 활동과 그 이후의 지서 습격, 매복 공격 등과 같은 남로당의 폭력으로 인해 제주에서 선거를 치르는 과정은 참상 그 자체였습니다.

④ 제4차 작전(作戰)

(5·10부터 5월 26일까지)

각개 격파의 전술로서 주력 부대를 2그룹으로 편성 5·10 당일에는 각 부락을 유격하면서 투표 보이코트전을 전개(주로 남부=南部), 그 후 세력을 집결하여 함덕(咸德)과 저지(楮旨)의 2 지서를 완전히 습격 소각.

안덕(安德)지서 습격 완전 성공 직전에 경관 6명 즉사케 하고 퇴각.

대정(大靜)에서 적 기동대차 3대(약 60명)을 복병전으로 습격 경관 14명을 즉사케 하고 또 특기할 것은 국경(國警)에서 1개 소대가 대정(大靜)지서를 습격 경찰관 5명을 즉사케 한 후 산으로 탈출하는 등 적을 여지없이 분쇄하고 적의 심리를 서늘케 하는 대투쟁이 매일같이 계속 전개, 제주도의 4·3사건 이래의 구국 유격전은 이 기간에 있어서 최고도의 앙양과 진출 그리고 전과를 보였음.

최고조에 달한 유격대의 공세

투쟁보고서는 5·10 선거일부터 5월 26일까지의 기간을 유격 투쟁이 최고조에 달했던 시기로 평가합니다. 이 기간에 유격대는 주력 부대를 2개 그룹으로 나누어 남부 지역 마을들을 공격하며 투표 보이콧 운동을 전개했습니다. 선거 이후에는 병력을 집결시켜 함덕지서와 저지지서를 습격하여 소각하고, 안덕지서를 공격해 경찰관 6명을 살해했습니다. 또한 대정에서는 경찰 기동대 트럭 3대(약 60명)를 매복 공격하여 경찰관 14명을 살해하는 등 공세를 이어갔습니다.

특히 이들이 가장 큰 전과로 꼽은 사건은 5월 20일, 국방경비대 제9연대 소속 병사 41명이 집단으로 탈영한 사건입니다. 이들은 탈영 과정에서 대정지서를 공격해 경찰관 5명을 살해하고 산으로 들어갔습니다. 유격대는 이러한 일련의 공격으로 "적을 여지없이 분쇄하고 적의 심리를 서늘케 했다"라고 자평했습니다.

5·10 선거의 결과와 참상

유격대의 극렬한 방해 공작으로 북제주군 갑·을 2개 선거구의 선거는 결국 무효가 되었습니다. 하지만 이 과정에서도 수많은 유권자는 목숨을 걸고 투표에 참여했습니다. 북제주 갑구는 43%, 을구는 46.5%의 투표율을 기록했습니다. 남제주 선거구에서는 86.6%의 높은 투표율로 오용국 후보가 당선되었습니다. 전국적으로는 95.5%라는 압도적인 투표율로 198명의 제헌의원이 선출되었고, 이를 바탕으로 대한민국 헌법이 제정·공포되어 8월 15일 대한민국이 건국되었습니다.

그러나 제주에서 선거를 치르는 과정은 참혹했습니다.

- 도내 선거관리위원 1,206명 중 15명이 살해되고 5명이 중상을 입었습니다.
- 211개 투표구 중 72곳은 투표를 시행조차 하지 못했습니다. (특히 조천면은 14개 투표구 전체에서 유격대의 습격과 선관위원의 업무 거부로 인해 투표할 수 없었습니다.)
- 선거 당일에만 26개 투표소가 피습되었고, 제주읍사무소 투표소에

는 수류탄 2발이 터졌습니다.
- 5월 7일부터 10일까지 나흘 동안에만 29명이 사망했습니다.

이러한 성과에 남로당은 기고만장했지만 이는 수많은 제주도민이 희생되는 근본적인 원인이 되었습니다.

군 내부 동조 세력과의 결탁

이 시기 진압군 내부의 동조 세력과의 결탁은 더 노골화되었습니다. 제9연대 오일균 소령은 5월 10일 선거 당일, 제주읍에서 김달삼과 비밀리에 만났습니다. 이 5인 비밀회담에는 국방경비대 측에서 오일균, 이윤락, 부관 등 3명과, 남로당 측에서 김달삼, 김양근 2명이 참석하여 여러 반역 모의를 했습니다. (이 내용은 뒤의 [원문 16] 4·3투쟁 그 후 국경(國警)과의 연결에서 상세히 다룹니다.)

1년 후의 재선거

선거가 무효 처리된 북제주군 2개 선거구에서는 1년 뒤인 1949년 5월 10일에 재선거가 시행되었습니다. 이때는 97~99%에 달하는 높은 투표율을 기록하며 갑구에서는 홍순녕, 을구에서는 양병직 후보가 당선되었습니다.

제5차 작전

투쟁보고서의 이 부분에서는 인민유격대가 5월 27일부터 6월 18일까지의 기간 동안 정규전보다는 암살과 내부 공작이라는 테러와 비정규전으로 전술의 중심을 옮겼음을 알 수 있습니다. 유격대는 토벌대와의 정면충돌을 피하는 '쓰라린 퇴격전술'을 구사하는 한편, 토벌대의 총책임자인 박진경 연대장의 암살을 계획하고 실행했습니다.

⑤ 제5차 작전(作戰)

　(5월 27일부터 6월 18일까지)

　약 4,000명의 병력으로써 국경(國警)과의 충돌을 피하며 그들의 포위 토벌전을 수포로 돌아가게 하는 동시에 일면으로는 국경(國警) 내부의 충돌 특히 대내 최고 악질 반동인 박진경(朴珍景) 연대장 암살과 탈출병 공작을 추진 그 동안 쓰라린 퇴격전술(退擊戰術)에 의하여 상당한 우리 쪽의 피해도 있었으나 6월 18일 오전 3시경을 기하여 대내(隊內)에서 박연대장(朴聯隊長)이 암살되자 적은 결정적인 타격을 입어 6월 17일까지의 제4차 공격을 최후로 산 공격(山攻擊)을 단념 이후 주로 중산촌 부락을 습격하면서 그들의 퇴격하게 됨에 따라 우리의 전술은 여기에 성공을 보게 되었음.

※해설※

전술의 변화: 정면 대결에서 내부 와해 공작으로

　이 작전 기간은 5월 27일부터 박진경 연대장이 암살된 6월 18일까지입니다. 4월 20일 오일균 소령이 이끄는 제5연대 1개 대대가 제주에 도착하면서 진압군의 총병력은 4,000명으로 증강되었고, 이는 남로당 유격대에 큰 위협이 되었습니다.

　승산이 없다고 판단한 유격대는 전술을 바꾸어, 진압군과의 정면충돌은 최대한 피하는 대신 제9연대 내부를 붕괴시키기 위한 와해 공작과 탈영 공작을 지속적으로 추진했습니다.

박진경 연대장 암살과 남로당의 평가

　이러한 새로운 전술의 정점은 6월 18일 새벽 3시경, 진압군 사령관인 박진경 연대장을 암살한 것이었습니다. 유격대는 이 암살로 진압군에게 '결정적 타격'을 입혔다고 판단했습니다.

　실제로 박 연대장이 암살되자 진압군은 암살범을 색출하는 데 주력하느라 대규모 토벌 작전을 일시적으로 중지할 수밖에 없었습니다. 남로당은 진압군의 이러한 작전 중단을 완전한 '퇴각'으로 간주했습니다. 그들은 이 틈을 이용해 중산간 마을들을 습격했으며, 이러한 자신들의 전술이 성공을 거두었다고 최종적으로 평가했습니다. 다만 이 과정에서 자신들 역시 '쓰라린 퇴격전술'로 인해 상당한 피해를 보았다는 사실을 인정했습니다.

제6차 작전

투쟁보고서의 이 부분은 박진경 연대장 암살 사건이 벌어진 다음 날인 6월 19일 이후부터 투쟁보고서 작성을 끝낸 7월 24일까지의 상황을 다루고 있습니다.

토벌대가 박진경 대령 암살 사건의 범인을 수사하기 위해 작전을 일시 중지한 것을, 유격대는 자신들의 공세에 밀려 후퇴하는 '철거전술'로 받아들였습니다. 이들은 잠시 주어진 소강상태 기간을, 전열을 재정비하고 조직의 사상적 결속을 다지는 기회로 활용하며 다음 투쟁을 준비했습니다.

⑥ 제6차 작전(作戰)

(6월 19일 이후 현재)

국경(國警)에서 철거전술(撤去戰術)을 쓰기 시작하자 우리는 각처에 분산되고 있는 조직을 질적 면에서 정비 강화하고 정치부원의 확립에 의한 교육의 강화 일상생활의 규칙화에 의한 규율 강화 등에 주력하여 현재에 도달함.

※해설※

박진경 암살 이후의 소강상태

'제6차 작전' 기간은 박진경 연대장(당시 29세)이 암살된 6월 19일부터 투쟁보고서 작성 시점까지를 의미합니다. 박 연대장의 암살 후, 후임으로 최경록 중령이 제11연대장으로 취임했습니다. 최 연대장의 최우선 과제는 암살범을 수사하는 것이었고, 이 때문에 대규모 진압 작전은 당분간 중지될 수밖에 없었습니다.

남로당의 상황 오판과 내부 정비

남로당의 김달삼은 진압군의 이러한 작전 중지를, 자신들의 공세에 밀린 '철거전술'이라고 판단했습니다. 그는 장기적으로는 진압군의 보복 공세가 더 거세지겠지만, 당장은 소강상태가 유지될 것이라고 보고 반격 작전을 멈춘 채 사태를 관망했습니다.

　그리고 이 기회를 이용해 전열을 재정비하는 데 주력했습니다. 투쟁보고서에 기술된 바와 같이 흩어져 있던 조직을 질적으로 강화하고, 새로 확립된 정치위원 제도를 통해 사상 교육을 강화하며, 일상생활의 규칙화를 통해 군기를 다지는 등 내부 결속을 다지는 데 집중했습니다.

[원문 13]
투쟁 면

투쟁보고서에서 이 부분은 '투쟁 면'이라는 제목
아래, 1948년 3월부터 7월까지 자신들이 벌인 활동
을 제주도 내 12개 읍면별, 날짜별로 상세히 기록한
작전 일지입니다. 여기에는 경찰지서 습격, 도로 및
통신망 파괴와 같은 군사 활동뿐 아니라, '반동 숙
청'이라는 명목으로 자행된 경찰, 우익 인사, 공무원
이나 그 가족들에 대한 살해와 가옥 방화, 납치, 테
러 행위가 상세히 나열되어 있습니다.

여기에 나오는 '개'는 경찰을 비하하는 표현입니
다. 경찰을 살해하고 '개 숙청'이라고 기록한 부분을
읽어 내려가면 남로당의 생명 경시와 비인간성을
짐작할 수 있습니다.

三. 투쟁 면(鬪爭面)

(각 면별=各面別)

(1) 제주읍(濟州邑)

3월 18일 -

도련리(道蓮里) 악질 향보단(鄕保團)을 습격 이를 해산시킴과 동시에 반동 가옥 3호(戶)를 완전 파괴시킴과 반동 7명을 부상시켰다.

4월 1일 -

영림서원(營林署員) 2명을 포로 동 4일 개전시킨 후 석방

4월 3일 -

오전 2시를 기하여 삼양(三陽), 화북(禾北), 외도(外都) 3지서를 일제 습격

삼양(三陽)지서 -

경관 6명.

아부대 16명, 소지 무기 99식 소총 1정(挺), 다이너마이트 2발(發), 휘발유탄 4발(發), 상호 접전 지서 정문까지 육박 가라스를 죽창으로 파괴시켰으나 적의 발포 극심하고 응원대가 올 것을 염려하여 퇴격(退擊). 상호 피해 무

화북(禾北)지서 -

경관 5명.

아부대 14명이 99식 소총 1정(挺), 다이너마이트 4발(發), 휘발유탄 4발 나머지는 창(槍)을 가지고 4개 부대로 편성하여 습격, 처음에 전선(電線) 2개소를 절단 육박하면서 수류탄 1발(發) 투척 그것이 지서 내 램프에 연소하여 지서 완전 소각, 경관 1명 도주, 급사(給仕) 1명 즉사, 1분대는 경관 사택을 습격 경관 부부를 숙청하고 거기서 카-빙소총 1정(挺) 압수, 1분대도 경관 사택을 습격 수류탄을 투척한 결과 경관 1명 부상

외도(外都)지서 -
경관 6명.
아부대 14명이 99식 소총 1정(挺), 다이너마이트 3발(發), 휘발유탄 3발(發) 나머지는 창(槍)으로써 습격 경관 1명 숙청 후 퇴각, 귀도 중(歸途 中) 노형리(老衡里) 부근에서 적 기동대와 부딪쳤으나 약 5분간 접전 후 이를 격퇴시켰음.

4월 4일 밤 -
아부대 30명으로 영평리 상동(寧坪里 上洞) 대청(大靑) 사무소 습격 사무소 완전 파괴 문서 일체 압수 대청(大靑) 동원부장(動員部長) 1명 숙청. 반동 2명에게 중상을 주고 돌아오는 도중 월평리(月坪里) 거주 경관의 집을 습격하였으나 경관 부재 중임으로 가옥 파괴한 후 가옥 약 4분지 1 소각, 의류 다수 압수

4월 8일 -
4인 1조로서 이호리(梨湖里) 대청 거두(大靑 巨頭) 1명 숙청
8인 1조로써 삼양(三陽)지서 제2차 습격하였으나 사전 발각으로 퇴각

4월 12일 -

　　4인 1조로 오라리(吾羅里) 거주 악질 경관 송원화(宋元和) 부친을 숙청 후 동 가옥 소각

4월 14일 -

　　외도(外都)지서 제2차 습격, 송칠(宋七)동무 유도작전(誘導作戰) 지도하다가 희생당하였음.

4월 16일 -

　　화북(禾北)에서 동무 5명이 경관과 대청원(大靑員)에게 포위당했으나 권총으로 경관 1명을 즉사케 한 후 전원 무사히 탈출

4월 18일 -

　　삼양(三陽)지서 제3차 습격, 경관 16명.
　　아부대 22명이 총 6정(挺)으로써 습격하였으나 사전 발각으로 적 기동대에 봉우(逢遇) 퇴격(退擊), 아부대원 1명 희생

4월 19일 -

　　외도(外都)지서 제3차 습격 수류탄 투척한 결과 개 1명 부상 지서 반 파괴

4월 20일 -

　　월평리(月坪里)에서 "엿장사"로 가장한 스파이 2명 숙청

4월 27일 -

　리구장(里區長) 집에서 개가 식사 중이라는 정보에 접하여 아부대 16명이 이를 포위하였으나 개는 도주해 버리고 반동 구장(區長) 1명을 포로해다가 숙청

4월 28일 -

　노형리(老衡里) 2구에서 적 기동부대 22명과 아부대 20명이 약 6시간 접전 후 이를 격퇴시켰음. 개 3명 부상, 개 모자 1개, 문서 다수, 카-빙 탄창 2개, 카-빙 탄환 9발(發), 백미 1두(斗) 등을 노획

5월 1일 -

　개 7명, 반동 2명이 화북리(禾北里) 3구에 침입하여 탄압하려는 것을 아부대원 20명이 포위 도주하는 개들을 추격, 반동 1명 숙청

5월 3일~7일까지 -

　동(東), 서(西) 각 지구에 아부대 각각 1대대씩 주둔 1개 대대는 본부 근무
　노형리(老衡里)에서 엿장사"로 가장한 스파이 2명 숙청, 오라리(吾羅里) 2구에서 반동 3명 숙청, 오라리(吾羅里) 2구에서 적 기동부 약 30명과 20분간 접전 후 적의 타 부대에게 포위당해서 퇴각. 상호의 희생 무. 월평리(月坪里)에서 4월 4일 소각하다가 남은 개 집을 완전 소각
　6일 본부 근무 대대가 출동하여 동대대(東大隊)와 합류
　7일 화북리(禾北里) 반동 4명, 삼양리(三陽里) 반동 1명, 삼양리(三陽里) 2구 반동 2명, 삼양리(三陽里) 3구 반동 2명, 도련리(道蓮里) 1구 반동 2명 계 15명 숙청

5월 6일 -

　서대대(西大隊) 상산(上山)하는 도중 적 기동대 약 30명과 조우(遭遇) 약 8시간 접전 후 이를 격퇴, 개 2명 즉사, 우리 대원 2명 희생

5월 7일 -

　죽성리(竹城里)에서 반동 3명 숙청

5월 8일 -

　삼양리(三陽里)로 화북(禾北)에 이르기까지의 전선(電線) 완전 절단, 아침 죽성(竹城) 반동 거두(巨頭) 가옥 4호(戶) 소각, 반동 11명 숙청, '고다시' 반동 집 2호(戶) 소각, 반동 가족 2명 숙청, 아라리(我羅里) 1구 반동 가옥 2호(戶) 소각, 반동 가족 2명 숙청

5월 9일 -

　농교(農校)에 수류탄 투척하여 적에게 위협을 주었음

5월 10일 -

　도두리(道頭里) 반동 4명 숙청

　동일 읍사무소(선거 투표 장소)에 수류탄 2발(發) 투척 투표를 방해

5월 15일 경 -

　오현중학교(五賢中學校)에 수류탄 1발(發) 투척하여 맹체파괴(盟體破壞)를 방지

5월 18일 -

화북리(禾北里) 반동 1명 숙청

5월 25일 경 -

2시 특무대원(特務隊員) 3명이 단선(單選) 을지구(乙地區) 당선자(當選者)[8] 한림면(翰林面) 출신 양병직(梁秉直)의 아지트를 습격하였으나 실패, 대원 1명 피검(被檢)

6월 14일 -

표선(表善) 반동 1명을 회천(回泉)에서 숙청

7월 9일 -

월평리(月坪里)에서 "엿장수"로 가장한 스파이 2명 숙청
이외에 반동 숙청 31명

이상 제주읍(濟州邑) 합계(合計)
 ㊀ 지서 습격 수　　　7회
　　지서 소각 수　　　1
　　동 파괴 수　　　　1
　　개 사망　　　　　5명
　　개 부상　　　　　5명
　　개 가족 사망　　　3명

---

8)　원저자 주 : 당시 북제주군 갑·을 선거구 선거는 유효투표수 미달로 무효가 되고 뒤 해에 재선거가 실시되었음

㉕ 반동 숙청 수　　　　　66명
　반동 가족 숙청 수　　　4명
　반동 부상 수　　　　　9명
　경관 가옥 소각 수　　2호(戶)
　반동 가옥 소각 수　　9호(戶)
　동　파괴 수　　　　　3호(戶)

㉛ 무기 노획 수
　카-빙 소총　　　　　1정(挺)
　동　탄창　　　　　　2개
　동　탄환　　　　　　9발(發)

㉤ 전선절단(電線切斷)　349개소
　도로파괴　　　　　140개소
　교량파괴　　　　　　1개소

㉥ 우리의 피해
　대원 3명 전사

(2) 애월면(涯月面)

4월 3일 -
　오전 2시를 기하여 구엄(舊嚴), 애월(涯月) 양 지서를 습격

구엄(舊嚴)지서 –

개 9명.

아부대 120명이 99식 소총 4정(挺) 다이너마이트 5발(發), 나머지는 죽창으로써 습격.

우선 숙청 대상 반동 1명에 대하여 아부대원 약 5명식 배치, 지서에는 약 40명 배치, 처음에 지서를 향하여 다이너마이트를 투척하고 그 폭발음을 신호로 일제 습격하기로 하였으나 애월(涯月)지서 습격 부대가 정각 약 30분 전에 습격하여 버리고 더욱이 구엄(舊嚴)과 애월(涯月)간의 전선절단(電線切斷)을 하지 않았기 때문에 애월(涯月)지서에서는 구엄(舊嚴)지서에 전화로 응원을 요청하였음으로 사전 발각이 되 지서 내부에는 개 3명과 향보단원(鄕保團員) 2~3명이 있었고 나머지 개 6명은 집에 있었다.

다이너마이트 투척에 적은 지서 내에서 발사 시작 우리 부대에서도 이에 응전하면서 일보 일보 육박, 이때 악질 개 송원화(宋元和) 집에 배치한 분대는 송(宋)을 잡고 단창(短槍)으로 찔렀으나 단창(短槍)을 빼자 송(宋)은 도주, 다른 분대는 반동 2명과 반동 가족 3명을 숙청하고 가옥 2호(戶)를 소각한 후 소학교(小學校)에 집합하여 지서에서 울리는 사이렌을 듣고 인항가(人抗歌), 적기가(赤旗歌)를 고창(高唱)하면서 지서 습격 응원으로 출동, 지서 습격 부대와 합류하여 새 공격으로 들어갔으나 약 30분 후 외도(外都)지서의 기동대가 옴으로 퇴각

우리의 피해 2명 희생

애월(涯月)지서 –

아부대 약 80명이 습격하여 다이너마이트를 던지고 지서장 송달호(宋達浩)에게 경상을 준 후 퇴각

4월 5일 -

오전 4시 50명으로써 애월(涯月)지서를 제2차 습격하였으나 정보 부정확으로 퇴각

4월 7일 -

장전리(長田里)에서 반동 2명 숙청

4월 9일 -

금덕리(今德里)에서 반동 1명 숙청

4월 11일 -

아침 10시부터 구엄(舊嚴)지서 개들과 기동대의 혼합부대 약 30명이 광령(光令) 2구를 습격하여 청년들이 전부 산으로 도피하는 것을 추격 상산(上山).

아부대에서는 이 정보를 접수하여 12시부터 천안악(天安岳)에 복병(伏兵). 놈들은 '숯막'을 소각시키면서 점진(漸進) 상산(上山), 오후 1시부터 접전(천안악에서)

아부대 병력은 1중대(21명)가 99식총 6정(挺), 카-빙총 1정(挺)을 가졌다. 접전 1시간 후 이를 격퇴

전과(戰果) = 개 3명 즉사(이 중 1명은 서북 악질 경관으로서 2월에 조천(朝天)지서에서 김용철(金用喆)동무를 고문 치사 시킨 놈)

카-빙 총 1정(挺), 동 탄창 2개, 동 탄환 95발(發), 현금 300원, 수류탄 1발(發), 백미 4승(升)을 노획

우리 피해 전무

4월 11일 -

　오후 11시 애월(涯月)리 가두(街頭)에서 특무원(特務員) 3명이 권총 1정을 가지고 복병(伏兵) 통과 중인 적 4명(개 3명, 대청원(大靑員) 1명)을 기습, 개 1명 즉사, 개 1명 부상, 대청원(大靑員) 1명 부상 동시 애월(涯月)지서에 수류탄 1발 던져 지서를 부분적으로 파괴하였다.

4월 18일 -

　곽지리(郭支里)와 금성리(錦城里)에서는 각각 반동 1명식 숙청 (계(計) 2명)

4월 21일 -

　구엄(舊嚴)지서 제2차 습격

　개 11명 부락민 전부가 향보단(鄕保團)으로써 지서를 경비.

　아부대 2개 중대 오전 3시부터 공격 개시 약 1시간 접전 후 퇴각. 개 1명 부상

4월 24일 -

　외도리(外都里) 지서원 5, 6명이 하귀리(下貴里) 부락 향회를 소집 개최한 후 귀환할 것을 대기하기 위하여 아부대 1개 소대가 하귀리(下貴里) 1구와 3구 사이에 복병(伏兵) 적이 도달함에 발포하자 적은 도주

4월 27일 -

　외도(外都)지서원 10명이 하귀(下貴) 1·2구에 침입하여 쌀 공출

을 시킨 후 미수동(味水洞)에 집결, 마차 1대에 쌀을 싫고 외도(外都)를 향하여 남쪽(산쪽)에는 인민 50명을 동원하여 차를 호송시키고 개들은 안전지대인 북쪽으로 통과하고 있음을 하귀(下貴) 1·2구 간에서 아부대 1개 중대가 발견 복병(伏兵), 인민들이 있음으로 난사(亂射)를 삼가하여 공포 1발(發)을 쏘자 인민들은 모두 도피 시작 개들은 도피하려는 인민을 붙잡고 방파제(防波堤)로 하면서 외도(外都)로 도주 개 1명에게 즉사, 1명에게 경상(輕傷)시키고 쌀 전부를 탈환하여 전부 인민에게 반환하여 주었다.

5월 6일 -
　서귀포(西歸浦) 장춘관(長春館) 기생(서청과 결탁한 스파이)외 1명 포로 숙청

5월 7일 -
　적 50명이 (조병옥＝趙炳玉의 친위대) 경기관총 1대를 가지고 수산(水山), 장전(長田), 소길(召吉), 상귀(上貴)를 탄압하기 위하여 침입. 오전 9시 상귀(上貴)를 탄압하고 수산(水山), 장전(長田)을 경유 소길리(召吉里)로부터 귀환하는 것을 아부대 2개 중대가 소총 12정(挺)을 가지고 장전(長田), 소길리(召吉里) 사이에 소나무밭 안에서 포위 접전
　먼저 차를 향하여 수류탄을 던졌으나 3발(發)이나 불발로 인하여 적은 전투태세를 갖추어 난사, 시작 4발(發) 차 수류탄이 기관총에 명중 폭발 기관총 파괴, 그때까지 아부대에서는 수류탄수(手榴彈手)가 전면에 진출하고 있었음으로 위협 정도로 산발(散發), 수류탄수(手榴彈手) 퇴각 후 응전 오후 5시까지 약 5시간 접전 후 적 기동대차 2대가 오자 적은 그 힘으로 구엄(舊嚴)지서에 퇴각(이 응원대를 목표로

하귀리(下貴里) 미수교(味水橋)를 파괴하려다가 자위대(自衛隊) 동무 2명이 희생당하다)

　　전과(戰果) = 적 토벌대장 이하 4명이 즉사하고 중경상자와 사망자를 응원대차 2대에 태우고 나머지 응원대는 도보로 돌아갔는데 그 후 판명된 바에 의하면 22명이 사고, 그 중 10명 사망 12명 중상으로 추측됨

　　아부대의 피해 중상 1명(2일 후 사망) 경상 1명

5월 8일 -

　　하귀리(下貴里) 파군봉(破軍峰)에서 적 기동대차 3대와 아부대가 접전. 약 1시간 후에 적을 격퇴, 외 14명 반동 숙청

　　전과 계(戰果 計) = 지서 습격 4회, 경관 사망 수 16명, 동 부상 수 16명

　　㊀ 반동 사망 24명, 동 부상 1명, 반동 가족 사망 3명, 동 가옥 소각 2호(戶)

　　㊁ 무기 노획 - 카-빙 1정(挺), 동 탄창 2개, 동 탄환 95발(發), 수류탄 1개

　　㊂ 우리 피해 3명 사망, 1명 경상

　　㊃ 전선절단(電線切斷) 6개소, 도로 파괴 7개소, 교량 파괴 2개소

(3) 한림면(翰林面)

3월 20일 경

　　새별오름 공동묘지에서 전원 67명 합숙 훈련 중 애월(涯月)지서원 1명, 서청(西靑) 2명, 구엄 대청원(舊嚴 大靑員) 6명 계(計) 9명이 미명(未明)에 취사장을 습격하였음으로 아부대에서 응전 발포 1발(發)로

적은 도주, 추격 도중 동무 1명 경상

4월 3일 -

오전 2시를 기하여 한림(翰林)지서, 저지(楮旨)지서, 한림(翰林)여관, 신창(新昌)여관, 매립지(埋立地)여관과 기타 반동 집을 일제 습격

한림(翰林)지서 -

개 7명에 대하여 아부대 15명 (99식 총 1정(挺), 다이너마이트 12발(發), 가소린탄 12발(發)을 배치

한림(翰林)여관 -

개 7명에 대하여 아부대 6명(99식총 3정(挺), 군도(軍刀) 1본, 나머지 창(槍))

신창(新昌)여관 -

서청(西靑) 7명.
아부대 15명 (군도(軍刀) 1본, 나머지는 창(槍), 99식총 1정(挺))
각 경관급 반동 가택에 나머지 31명 배치

전투상황(戰鬪狀況) -

우선 매립지(埋立地)여관에서 개 1명, 대청(大靑) 1명 숙청, 그 다음 신창(新昌)여관에서 서청(西靑) 7명을 숙청하자 한림(翰林)여관에 숙박했든 기동대와 접전하게 되었다. 이어 각지에서 투쟁 전개 1명은 사택에서 숙청, 면장(面長) 1명과 독촉(獨促) 최고 간부 1명에게 각각 부상을 입히고 한림(翰林)지서 습격부대는 타부대가 적 기동대와 접

전하는 총성에 동무들이 전부 도피하여 총수(銃手) 1명만 남아서 투쟁 불가능

저지(楮旨)지서 습격은 직전 푸로파카-트의 발생으로 사전 중지

전선절단(電線切斷) 4개소, 도로파괴 2개소

전투 완료 후 집합 지정 장소 미마루동산에 전원 집합 거기를 출발해서 금악(今岳)까지 무장 시위를 단행. 금악(今岳)에서 반동 소지의 일본도(日本刀) 1정(丁) 압수. 오전 9시 아지트에 귀환하자 저지(楮旨)지서원 6명과 경찰 후원회원 25명이 금악(今岳)을 습격하고 있다는 정보를 접수하여 즉시 출동 접전 후 차(此)를 격퇴시키고 후원회원 3명을 포로하여 개전시킨 후 석방

4월 8일 -

오전 4시 저지(楮旨)지서 습격, 적은 개 13명에 후원회원 70명. 아부대 18명(99식총 5정(挺), 군도(軍刀) 5본(本), 휘발유탄 5발(發), 나머지는 창(槍))

접전 40분 후 적의 탄환 전부 소비케 하고 적을 부득이 퇴각케 하여 돌격, 지서 완전 소각, 후원회 간부 완전 숙청(3명), 피검자 7명을 완전 탈환, 인민공화국 만세를 부르면서 무장 시위를 단행

우리의 피해 - 동지의 총으로 1명 희생, 1명 중상

4월 9일 -

오후 5시경 적 기동대 약 25명이 산(山) 아지트 부근에 습격하였음으로 20분간 교전 후 이를 격퇴

4월 16일 -

　오전 2시 전선절단(電線切斷) 7개소, 도로 파괴 3개소

5월 12일 -

　저지(楮旨)지서원과 반동 합하여 15명이 우리 아지트에 침입, 아부대에서 응전 태세를 갖추자 적은 도주, 지서에 귀환 후 개 4명 탈출 도주

5월 13일 -

　오전 2시를 기하여 전선(電線)을 57개소 절단하고 도로 2개소 파괴한 후 오전 7시를 기하여 저지(楮旨)지서를 제2차 습격 적 4명, 아부대 60명(99식총 13정(挺), 수류탄 15발(發), 기타 창(槍)) 지서를 포위 습격하자 적은 무저항 도주, 개 3명 즉사, 지서 완전 소각, 피검자 30명 완전 탈환, 반동 12명 숙청, 반동 가옥 112동(棟) 소각, 금악(今岳)에서 반동 2명 완전 숙청

　귀덕(歸德) 2구에서 2명 명월 하동(明月下洞)에서 각각 숙청 반동 가옥 6호(戶) 소각

5월 14일 -

　오후 1시 한림(翰林)지서 습격. 적은 개 7명, 서청(西靑) 14명 계(計) 21명. 아부대는 60명 외 동명(東明), 명월(明月), 자위대(自衛隊) 30명 참가 합계(合計) 90명(총(銃) 13정(挺), 수류탄 90발(發), 다이너마이트 9발(發), 군도(軍刀) 10본(本), 기타 창(槍)

　접전 2시간 후 지서 토치카까지 육박하였으나 때마침 적 기동대를 실은 차 1대가 오고, 서(西 필자주)로는 국교(國校)에 주둔하고 있는 국경(國警) 약 50명이 달려옴으로 아부대가 협격(挾擊) 당하게 되어 퇴

각. 적 개 5명, 반동 7명 합계(合計) 12명 숙청. 서청(西靑) 숙박소 소각.

　　우리 피해 4명, 4명 부상 (군도(軍刀) 2본(本), 99식 소총 1정(挺) (사용 불가능) 분실, 국경(國警)에게 압수당함)

5월 14일 -

　　밤 8시 적 개가 국경(國警) 소대장을 학살하고 이간 정책으로서 이를 인민군(人民軍)에 전가시키려고 하다가 음모 발각, 국경(國警) 1개 소대가 지서를 습격 지서를 향하여 기관총을 난사함으로 지서원 전부 어선(漁船)으로 비양도(飛揚島)로 도주, 국경(國警)은 지서에 돌입하여 문서 전부 소각

5월 15일 -

　　전일 희생당한 우리 동무에 대해서 인민장(人民葬)하도록 국경(國警)에서 인민에게 자유를 주었음으로 리민(里民) 전부 모여 인민장(人民葬) 거행

6월 6일 -

　　정오 12시 반 저지(楮旨) 개 12명과 반동분자 50명이 금악리(今岳里)를 습격 아부대 1개 소대(10명)로써 접전 15분 후 이를 격퇴. 개 2명 즉사(이 중 1명은 기관총수)

　　부기(附記) 한림(翰林)지서 습격 시에 개의 총에 대청(大靑) 한림 위원장(翰林 委員長) 즉사

7월 21일 -

엿장사로 가장한 스파이 1명 산간부락(山間部落)에서 숙청

전과 계(戰果 計)

一. 지서 습격 수 4회 지서 소각 2

一. 경관 사망 수 12명

一. 반동 사망 수 42명, 동 부상 2명, 동 포로 3명, 가옥 소각 84호(戸)

一. 전선절단(電線切斷) 64개소, 도로 파괴 7개소

一. 무기 노획 일본도(日本刀) 1본(本)

一. 피검자 탈환 39명

一. 우리의 피해 희생 5명, 부상 6명(완전치료), 99식총 1정(挺),
일본도(日本刀) 2본(本) 분실

(4) 대정면(大靜面)

4월 3일 -

오전 2시를 기하여 대정(大靜)지서를 습격(대정면(大靜面) 대청(大靑) 사무소 동). 대정(大靜)지서 개 6명.

아부대 7명(총 2정(挺), 군도(軍刀), 1본(本), 대검(帶劍) 3본(本), 철창 1본(本). 포위 직전 오발로 인하여 사전 발각되었으나 개 2명뿐 숙직 중이었음으로 나오지 않았음. 아부대에서 2발(發) 사격 후 총 고장으로 퇴격.

개 1명 즉사

대청(大靑) 사무소 -

(제주도 최고 반동 강필생(姜必生) 집) 특무원(特務員) 2명이 침입

수류탄 1발(發) 투척하여 강필생(姜必生)이와 그 가족 1명에게 각각 부상을 주고 퇴각

4월 18일 -

　대정(大靜)지서 제2차 습격, 적은 개 10명.
　아부대는 11명. 약 15분간 교전 후 성벽(城壁)을 지서로 오인해서 휘발유탄 2발을 투척 결과 정세 불리로 퇴각

4월 27일 -

　동일리(東日里) 반동 거두 1명 숙청

4월 28일 -

　아부대 8명으로써 면사무소 습격 반동 직원 1명 숙청 1명 부상, 연락 불충분으로 인하여 동무 직원 1명 희생

4월 28일 -

　안성리(安城里) 반동 구장(區長) 집 습격 구장(區長)에게 중상을 주다

4월 30일 -

　모슬포(摹瑟浦)지서 습격, 아부대 15명
　후면으로 아부대를 배치하고 전면으로 국경보초(國警步哨)(동무)를 배치, 측면으로는 여관 2층에 특무대(特務隊)를 2명 배치, 특무원이 지서를 향하여 황린탄(黃燐彈) 투척 폭발음을 신호로 일제 포위 습격하기로 작전했으나 황린탄(黃燐彈) 불발로 인하여 퇴각

5월 1일 -

　신평리(新坪里)와 영락리(永樂里)에서 각각 반동 1명 식 숙청

5월 4일 -

　무릉(武陵)지서 습격. 적은 개 12명.

　아부대는 30명. 약 20분 접전 후 지형 불리로 인하여 퇴각. 동무 1명 희생

5월 5일 -

　보성리(保城里) 반동 1명. 영락리(永樂里) 반동 고술생(高戌生)외 가족 2명을 숙청, 동 가옥 1호(戶) 소각

5월 20일 -

　밤 12시를 기하여 국경(國警) 제2연대에서[9] 1개 소대 (43명)가 탈출, 대정(大靜)지서 습격. 개 4명 즉사케 하고 지서장(支署長)을 부상, 급사(給仕) 1명을 즉사케 한 후 서귀포(西歸浦)로 향하였음

5월 21일 -

　아부대에서 재차 대정(大靜)지서를 습격. 카빙 2정(挺), 전화기를 노획

5월 23일 -

　면사무소를 습격. 문서 일체와 철창(鐵槍) 15본(本)을 노획

　동일 보성리(保城里) 반동 고달진(高達珍) 가옥 소각, 일과리(日果里) 반동 강병국(姜柄國) 숙청

---

9)　원저자 주 : 제9연대가 아닌가 사료됨. (국경〈國警〉)과의 관계 기록 참조)

<u>5월 26일</u> -

　무릉리(武陵里) 인향리(仁鄕里) 네거리에 아부대 13명 복병(伏兵), 적 기동대차 3대에 개 약 60명이 타고 오는 것을 기습, 아부대에서 약 50발(發)을 발포 적이 응전 태세를 갖추며 기관총 3대로 난사함으로 약 15분간 교전 후 퇴각

　전과(戰果) 개 즉사 14명, 부상 11명, 철갑(鐵甲) 1개, 배낭 1개, 카빙 총 탄창 1개 노획

<u>5월 28일</u> -

　무릉리(武陵里) 2구 스파이 (우리 동무 8명을 학살케 한 놈) 1명, 여자 스파이 1명, 엿장수로 가장한 1명을 숙청

<u>6월 25일</u> -

　구억리(九億里) 반동 2명 숙청

<u>6월 30일</u> -

　무릉리(武陵里)에서 고산리(孤山里) 출신 반동 목사가 강연 순회함을 발견하여 숙청

전과 계(戰果 計)[10]

　㊀ 지서 습격 6회(1회는 국경(國警)) 지서 소각 1, 반동 사망 14명, 동 부상 3명, 동 가족 사망 2명, 동 부상 1명, 동 가옥 소각 2호(戶)

　㊁ 무기 노획 카-빙총 2정(挺), 동 탄창 1개, 전화기 1개, 배낭 1개, 철갑(鐵甲) 1개, 철창(鐵槍) 15본(本)

---

10)　원저자 주 : 경찰관 사망자 수 18명 및 동 부상자 12명 집계 누락

㊂ 우리의 피해 동무 1명 희생

㊃ 전선절단(電線切斷) 10개소, 도로파괴 7개소

(5) 안덕면(安德面)

4월 10일 -

아부대 8명 덕수리(德水里) 대청(大靑)사무소를 습격.
사무소 완전 소각 후 반동 1명에게 부상을 주다

4월 하순 -

동광리(東廣里) 반동 1명 숙청

5월 10일 -

동광(東廣) 광평(廣坪) 상천(上川) 선거사무소를 습격.
광평리(廣坪里)는 완전 보이코트. 다른 부락은 경비로 실패

5월 24일 -

미명에 화순(和順)지서를 습격. 적은 개 20명.
아부대는 20명. 지서를 완전 포위하여 돌격 직전에 동으로 공차(空車)가 옴을 국경차(國警車)로 오인 퇴각, 개 6명 즉사, 반동 1명 숙청. 면사무소, 대청(大靑)사무소(겸 식량영단=食糧營團 사무소) 소각

6월 15일 -

창천리(蒼川里)와 상창리(上蒼里)에서 각각 반동 1명식 숙청(창천리(蒼川里) 반동은 독촉위원장=獨促委員長)하고 물품 다수 압수하여

돌아오는 도중 적 토벌대 약 15명과 접전 약 15분 후 아부대에서 퇴각 상호 피해 무

추이(追而) 적끼리의 총에 대청원(大靑員) 1명 즉사, 3명 부상

전과 계(戰果 計)

　　⊖ 지서 습격 1회

　　⊖ 개 사망 6명

　　⊖ 반동 사망 6명, 동 부상 5명

　　⊖ 반동 가옥 소각 2호(戶) (면사무소와 대청(大靑)사무소)

　　⊖ 전선절단(電線切斷) 3개소, 도로파괴 1개소

(6) 중문면(中文面)

5월 10일 -

아부대 10명이 하예리(下猊里) 선거사무소를 습격. 투표함 파괴 후 선거를 완전 보이코트

5월 하순 -

면내(面內) 반동 6명 숙청, 2명에게 부상

6월 10일 -

도순리(道順里) 반동 1명 숙청. 지서 급사(給仕) 1명을 포로 하였으나 틈을 타서 도주

6월 하순 경 -

국경(國警) 중문(中文) 주둔부대 내 동무들로써 면내 최고 반동 박찬오(朴贊五)를 숙청

6월 28일 -

개 토벌대 60명이 아지트를 습격하였으나 아부대에서는 이를 국경(國警)으로 오인하여 무저항 퇴각.

동무 1명 피살, 99식총(사용불능) 1정(挺), 동 탄환 20발(發), 일본도(日本刀) 3정(丁), 수류탄 5발(發) 다이너마이트 2발(發), 모포(毛布) 10매, 천막 1매, 피복 다수를 소각 압수당하고 식기 20개, 식부(食釜) 2개, 천막 1매를 파괴당하다

전과 계(戰果 計)
　　⊖ 선거사무소 습격 1, 동 파괴 1
　　⊖ 반동 사망 8명, 부상 2명
　　⊖ 전선절단(電線切斷) 5개소
　　⊖ 우리의 피해 동무 1명 피살
　　⊖ 99식총(사용 불능) 1정(挺), 동 탄환 20발(發), 일본도(日本刀) 2본(本), 수류탄 5발(發), 다이너마이트 2발(發), 모포(毛布) 10매, 천막 2매, 식기 20개, 식부(食釜) 2개, 피복 다수를 소각, 압수당하다

(7) 서귀면(西歸面)

5월 22일 -

서홍리(西烘里) 반동 6명 숙청, 동 1명 부상, 물품 다수 노획

동일 -

　동홍리(東烘里) 반동을 1명 포로로 하였으나 탈주(脫走) 당하다

전과 계(戰果 計)

　반동 사망 6명, 동 부상 1명

(8) 표선면(表善面)

5월 10일 -

　아부대 10명 가시리(加時里) 습격. 선거사무소를 습격하여 투표함을 파괴하고 선거를 완전 보이코트.

　반동 3명 숙청, 반동 가옥 1호(戶) 4동(棟) 파괴

(9) 남원면(南元面)

4월 3일 -

　아부대 10명 99식총 2정(挺)으로써 남원(南元)지서를 습격

전과(戰果) -

　개 1명 즉사, 동 1명 부상, 반동 1명 사망, 급사(給仕) 1명 사망,

　카-빙총 2정(挺), 공기총 1정(挺), 탄환 55발(發), 개 복(服) 다수 노획, 지서 반 소각

　그 후 반동 1명 부상, 반동 가옥 2호(戶) 소각, 1호(戶) 파괴, 관공리(官公吏) 부상 1명, 전선절단(電線切斷) 3 개소(5키로매-터)

　부기(附記) 남원(南元)지서에서 적끼리의 총에 서청(西靑) 개 1명 즉사

전과 계(戰果 計)

一. 지서 습격 1회, 동 소각 1(반소)

一. 개 사망 1명, 동 부상 1명, 관공리(官公吏) 1명 부상(급사(給
仕)), 동 사망 1명, 전선절단(電線切斷) 3개소 (5키로매-터)

一. 무기 노획 카-빙총 2정(挺), 공기총 1정(挺), 탄환 55발(發), 경
관복 다수

(10) 성산면(城山面)

4월 3일 -

오전 2시를 기하여 아부대 약 40명이 99식총 2정(挺)으로써 성산
포(城山浦)지서를 포위 습격. 포위에는 완전 성공하였으나 우선 프락
치 1명을 구출하려고 소극적 전법을 취한 것과 그 다음 가지고 간 총
전부가 고장이 나서 지서 가라스 기타 건물 일부를 파괴한 후 적의 난
사로 말미암아 퇴각

5월 10일 -

수산리(水山里) 선거사무소를 습격. 반동 가옥 소각, 반동 2명 숙
청, 단선(單選) 완전 보이코트

(11) 구좌면(舊左面)

4월 3일 -

오전 2시를 기하여 아부대 약 40명이 99식총 2정(挺)을 가지고 세
화(細花)지서와 면내(面內) 최고 반동 김대홍 (金大洪)의 집을 습격. 지

서에서는 그 때 숙직 중이든 서북계(西北系) 악질 경관 1명과 맹렬한 격전 끝에 이를 죽이고 카-빙총 1정(挺), 44식총 1정(挺)을 노획, 지서를 소각하려고 했으나 석유가 없었음으로 불성공(不成功), 반동 김대홍(金大洪)의 집을 습격한 바 대홍(大洪)이가 권총 1발(發)을 발사하는 바람에 비겁(卑怯)을 느껴 퇴각

5월 9일 -

밤을 기하여 아부대 10명이 송당리(松堂里)를, 11명이 동복리(東福里)를 각각 습격. 송당리(松堂里)에서 반동 구장(區長) 처 1명, 반동(대청(大靑) 간부) 1명을 숙청, 그들의 가옥 4호(戶)를 소각, 동복리(東福里)에서 반동 1명 숙청, 반동 가옥 1동 소각, 반동 집 내의 미싱, 의류, 기타 다수 몰수, 그리고 송당리(松堂里), 동복리(東福里)의 선거사무소를 각각 습격 파괴

5월 10일 -

아침 덕천리(德泉里) 선거사무소를 습격하여 투표함을 파괴하고 반동 가옥 1동 소각

5월 11일 -

아부대를 2개 중대로 나누어 구좌면(舊左面) 일대 하도(下道), 상도(上道), 평대(坪岱), 한동(漢東), 월정리(月汀里) 외 1개 리를 습격 상도리(上道里)에서 반동 2명 숙청, 반동 가옥 1호(戶) 소각. 평대리(坪岱里)에서 면사무소를 습격 완전 소각, 반동 가옥 2호(戶) 소각. 한동리(漢東里)에서 반동 2명 숙청, 2명 부상, 반동 가옥 2호(戶) 소각. 월정리(月汀里)에서 반동 가옥 1호(戶) 소각, 기타 다른 리(里)에서 반동

가옥 1호(戶) 소각

5월 23일 -
　하도(下道), 상도리(上道里) 반동 7명 숙청

5월 24일 경 -
　아부대 약 20명이 김녕(金寧)지서 습격 약 30분간 신경전으로 발포하다가 작전 계획에 차이가 생겨 퇴각. 상호 피해 무

전과 계(戰果 計)
　一. 지서 습격 2회
　一. 개 사망 1명(서북계 악질)
　一. 반동 사망 13명, 동 부상 2명, 동 가족 사망 1명, 동 가옥 소각 13호(戶), 관공서 습격 1회(면사무소), 동 완전 소각
　一. 무기 노획 카-빙총 1정(挺), 44식총 1정(挺), 기타 노획 물자 다수

(12) 조천면(朝天面)

4월 3일 -
　오전 2시를 기하여 조천(朝天), 함덕(咸德) 양 지서를 일제 습격

조천(朝天)지서 -
　아부대 약 40명이 99식총 2정(挺)으로써 포위전은 완전히 성공했으나 사전 발각으로 퇴각

함덕(咸德)지서 –

아부대 약 40명이 99식총 2정(挺)으로써 포위 습격. 먼저 서내(署內) 1명 프락치에게 연락하여 탈출케 한 후 그 소개로 개집을 습격하여 개 1명을 포로 했든 바 그 처가 지서로 달려가면서 고함을 지름으로 인하여 사전 발각되어 퇴각

귀도(歸途)에 대청원(大靑員) 3명을 포로로 하고 (아지트에 귀환한 후 개전시킨 후 석방) 뒤이어 서청(西靑) 숙사를 습격, 서청(西靑) 5명을 포로한 후 포로 경관 1명과 서청 5명 중 4명을 총살하고 서청(西靑)에 취사(炊事)해 주든 1명은 송당리민(松堂里民)이었음으로 개전시킨 후 인민군(人民軍) 취사번(炊事番)으로 채용

4월 8일 -

밤 조천(朝天)지서를 제2차로 강습(强襲). 아부대 약 40명이 카-빙총 4정(挺), 99식총 4정(挺), 황린탄(黃燐彈) 2발(發)을 가지고 습격하였으나 정보 불충분으로 적에게 배후 공격을 받아 황린탄(黃燐彈) 1발(發)을 투척하여 지서를 부분적으로 파괴시키고 2명을 즉사케 한 후 퇴각

우리의 피해 동무 2명 희생

4월 14일 -

미명 교래리(橋來里) 주둔 적 기동대 약 50명을 아부대 40명으로써 포위 습격. 개 2명을 즉사시키고 지형 불리로 퇴각

4월 14일 밤 -

조천면(朝天面) 조천(朝天)지서를 제3차로 습격. 수류탄을 투척하여 지서를 부분적으로 파괴, 내부를 수라장(修羅場) 시키고 개 7명과

서청(西靑) 2, 3명을 행방불명케 함

4월 15일 -

　밤 대흘리(大屹里) 반동 부영호(夫榮豪)를 숙청 그 가옥 1호(戶)를 소각, 반동 가족 1명을 포로로 했다가 후일 석방

4월 16일 -

　밤 선흘리(善屹里) 반동 부용화(夫龍化)[11]를 숙청

4월 17일 -

　신촌리(新村里) 반동 진장섭(秦長燮=충청도 출신 한민당계 교원), 김문봉(金文峯)급 그의 처 외 3명 숙청. 김영아(金榮我)(교장) 부상

4월 20일 경 -

　이로부터 약 1주일간 계속해서 함덕리(咸德里) 대청(大靑)과 지서에 대하여 아부대 7명 급 약 15명이 99식총 10정(挺), 카-빙총 1정(挺)으로써 신경전을 전개하다.

　첫날 밤 아부대 10명이 군도(軍刀) 2본(本), 권총 1정(挺), 99식 7정(挺)을 가지고 함덕리(咸德里) 향보단(鄕保團) 경비소를 습격하여 향보단원(鄕保團員) 13명을 포로하여 그 중 대청원(大靑員) 2명을 포로해서 1명을 숙청하고 나머지는 개전시키고 전부 석방. 그 2일 쯤 후 아부대 약 7명이 99식과 군도(軍刀)를 가지고 함덕리(咸德里)에 돌입하여 함덕리(咸德里) 거리에서 경비하는 대청원(大靑員) 2명을 포로해서 1명은 숙청, 1명은 개전시킨 후 석방, 또 반동 가옥을 습격하였는

---

11) 부용하(夫龍河, 일명 부용진〈夫用珍〉)의 오기

데 반동은 도주해 버리고 도주하는 그의 처 1명을 숙청, 이로 인하여 그 익일(翌日) 함덕리민(咸德里民)들은 자발적으로 인민대회(人民大會)를 개최하고 대회 석상에서 대청(大靑) 향보단(鄉保團)을 해방시켰음. 그리고 이 신경전 기간 중 2일 만에 한 번씩 봉화(烽火) 투쟁을 전개, 일방 그 당시 북촌리(北村里)에 대한 탄압이 혹심하여 날마다 함덕(咸德)지서 개와 대청원(大靑員)들이 북촌리(北村里)를 습격하였음으로 다시 내습할 것을 대기하여 아부대 약 12명이 약 3일간 매일 우중(雨中)에 함덕리(咸德里)와 북촌리(北村里)간의 도로 근방에 복병(伏兵)하고 있었으나 결국 개의 내습이 없음으로 퇴각

4월 말일 경 -

밤 신흥리(新興里) 악질 경관 김태배(金太培) 집을 습격, 그 가옥 1호(戶) 2동을 완전 소각. 조천면(朝天面) 오름밭 악질 반동 1명 숙청, 그 가옥 1호(戶) 완전 소각

5월 초순 -

조천(朝天)리 반동 1명에 부상, 와산(臥山) 반동 1명 숙청, 그 가옥 1호(戶) 소각

5월 7일 -

전일 함덕리(咸德里) 대청(大靑)을 해산시킨 뒤 이들로써 자위대(自衛隊)를 조직하고 그들의 과거의 오류를 청산하기 위하여 첫 번 투쟁으로써 함덕(咸德)지서 개를 숙청하기로 결정, 비무장 자위대(自衛隊) 약 10명이 복병(伏兵)하고 한행도(韓行道) 동무 에게 개 2명을 유도해 오도록 지령했든 바 마침 거리를 순회하는 개 2명을 발견 한(韓)

동무는 개에게 술 먹으러 가자고 권유하여 이들을 주점으로 데려가
서 술을 먹을 때 다른 자위대원(自衛隊員=그 전 대청원=大靑員) 3명
도 이에 가담하여 틈을 엿보았으나 개들은 종시 총을 손에 쥐고 있었
음으로 틈을 타지 못하여 결국 복병(伏兵)한 지점까지 이를 유도해다
가 한(韓) 동무가 개의 뒤에서 개 2명의 총 2정(挺)을 한 손에 하나씩
양손에 붙잡고 미리 결정했든 암호 "고기 낚으러 가자"를 외치자 복병
(伏兵)했든 우리 자위대원(自衛隊員)들은 일제히 이를 포위하여 포로
해다가 숙청하고 카-빙총 1정(挺)과 44식총 1정(挺)을 압수

5월 8일 -

　　전일의 투쟁에 이어 함덕리민(咸德里民) 노인과 부인들은 거리에
서 개들의 통과를 대기하고 있든 바 마침 개 1명이 무장하고 지나가는
것을 발견 노인 1명이 백수(白手)로 개에게 접근하여 개의 총을 붙잡
고 "양심이 있거든 이 총을 놓으라"하자 거리에 있든 리민(里民)들이
개를 완전히 포위하고 일제히 이구동음(異口同音)으로 "양심이 있거
든 총을 놓으라"고 외쳤다. 개는 "네 놓겠읍니다"하고 총을 내 버리고
도주하려는 것을 부인들이 달려들어 이를 구타하는 도중, 마침 적 기
동대차가 통과하다가 총을 난사함으로 리민(里民)들은 개에게만 부상
만 주고 99식총 1정(挺)만 탈취하여 퇴각.
　　우리 쪽 피해 전무

5월 8일 ~ 9일까지 -

　　전면(全面)에 걸쳐 각 리간(各里間)의 자동차 도로 8개소를 파괴 차단

5월 10일 -

　대흘리(大屹里) 1구에 투표함을 가지고 온 서청(西靑) 3명을 숙청, 또 서청교원(西靑敎員) 1명 숙청

5월 14일 -

　오후 4시를 기하여 함덕(咸德)지서를 습격 지서 내에 개 6명.

　아부대 약 50명(카-빙총 2정(挺), 44식총 1정(挺), 99식총 33정(挺), 수류탄 10발(發)) 이 중 25명을 3개 소대로 편성하여 1개 소대는 서쪽 대로(大路), 1개 소대는 동쪽 대로(大路), 1개 소대는 지서 후방 퇴각로에 각각 복병(伏兵), 나머지 26명은 지서 전면(前面)을 2면으로 완전 포위 성공, 그러나 지서 내에는 동무들 가족 4명이 피검되어 있음으로 이를 구출하기 위해서 처음은 신경전, 위협전으로서 개시, 우선 감시대(監視臺)에서 감시하든 개에 향하여 발사 이를 죽이고 나자, 그 총 소리에 비로소 지서 내에서 포위당한 것을 알고 지서원 소집 명령을 하면서 발포 시작, 그래서 아부대에서는 지서를 향하여 간간 산발(散發)하며 수류탄을 던졌다.

　지서 내의 인민을 구출하기 위해서 격전으로 나가지 못하고 위협 정도로 밖에 공격을 하지 못했음. 전면 포위 부대는 점진(漸進), 지서 최근 거리까지 육박하여 지서 내로 향해서 "인민들은 나오라"고 외치자 지서 내에서 부인 1명이 "인민입니다"고 하면서 나오는 것을 동무 1명이 이를 구출하려고 접근해 본즉 그는 지서에 숙박했든 개의 처였음으로 당장에 사살해 버리고 또다시 "인민은 나오라"고 외치자 그 때야 감금당했든 인민들이 자신으로 유치장 문을 처부시고 지서 밖으로 4명이 뛰어 나오자 동무들은 아부대의 뒤에서 대기하든 인민들에게 이를 넘기고 지서 인접 가옥 인민들을 피난시킨 다음 그 후 일제 맹

공격을 개시하여 지서 옆에 있는 개 숙사를 방화하고 황린탄(黃燐彈)을 투척 지서 내에 명중 폭발 이로써 개들은 일부는 부상당하고 발사를 중지하자 우리 부대 일부는 지서 내에 돌입하여 부상당해서 자빠진 개 3명을 총살하고 지서 내의 문서와 무기 등을 압수해서 무장부대는 개가(凱歌)로 귀도(歸途) 그리고 지서 내에 아부대 돌입하고 있을 때, 마침 동쪽으로 차 1대가 질주해 오는 것을 복병(伏兵)했든 동무들이 발견했으나 그 차가 버스였음으로 객차로 오인해서 발사하지 않고 통과 시키다가 본 즉 차창으로 총구가 보임으로 그때야 개들이 타고 있다는 것을 알고 수류탄을 투척하였으나 맞지 않고 자동차에서도 총을 난사하면서 지서 앞까지 박진(迫進)하여 정차할 기세를 보이다가 우리 쪽 기세에 놀래서 그대로 속도를 가하여 서쪽(성내)으로 질주하는 것을 동무들은 우선 차를 정차시키려고 발사하자 운전수의 양완(兩腕)을 관통 부상시켰으나 조수가 다리로 운전하며 그대로 서쪽으로 질주하는 것을 서쪽의 복병(伏兵)부대도 처음은 객차로 오인해서 발사하지 않았다가 총구가 보인 후에야 수류탄을 던졌으나 맞지 않아서 결국 도주시키고 말았다.

무장 부대가 지서에 방화한 다음 개선(凱旋)해 버리자 지서가 잘 타지 않는 것을 본 리민들은 속고(粟藁)를 지서 내에 집어 놓고 또다시 방화하자 천정(天井) 위에 숨었든 개 1명과 숙직실 장방 속에 숨었든 개 1명이 화기에 못 견디어 나오는 것을 리민들이 발견 포로하고 또 이웃 집 돼지 집 속에 숨었든 개 1명을 발견 포로해다가 계(計) 3명을 숙청하였는데 그 중 지서장은 극악질로써 리민들에게 대하여 말할 수 없는 악행을 하였기 때문에 리민들의 극도의 원한의 대상이었음으로 리민들은 죽어 쓰러지고 있는 지서장 사체를 발견하여 돌멩이로 지서장 두부(頭部)를 때려부시고 사체를 지서 내에 담아 놓아서 방화하여 완전 소각하였다.

그리고 무장부대는 개선 도중(凱旋 途中) 반동 가옥 3개소를 습격하여 반동 3명을 숙청하고 그 가옥을 3호(戶) 각(各) 소각하다.

이날의 전과(戰果) =

개 사망 6명, 동 가족 사망 1명, 반동 사망 3명,

지서 급 동 숙사 완전 소각, 반동 가옥 3호(戶) 소각

㊀ 무기 노획

44식총 2정(挺), 30년식총 2정(挺), 카-빙총 2정(挺), 카-빙총 탄환 50발(發), 38식총 탄환 800발(發), 군도(軍刀) 3본(本), 황린탄(黃燐彈) 4발(發), 수화기 (受話器) 1개, 수류탄 4발(發) 나팔(喇叭) 2개, 등사판 1개

㊁ 기타 현금 1만 3천원, 개 의복 3착, 문서 다수 압수

㊂ 피검자(인민) 4명 탈환

㊃ 우리의 피해

동무 1명 동지 총에 부상(후 완전 치료)

5월 15일 -

전일 함덕(咸德)지서 전멸을 알고 기동차(機動車)가 함덕리(咸德里)에 내습, 개 사체를 싣고 퇴각. 이 때 경관 1명이 99식총 1정(挺) 동 탄환 80발(發)을 가지고 투항, 인민군(人民軍)에 편입

동일 –

　오후 9시를 기하여 군(軍) 주최로 면인민대회(面人民大會)를 3개소(와흘=臥屹, 대흘2구=大屹2區, 선흘리=善屹里)에서 개최하여 무장 시위와 봉화(烽火) 투쟁을 단행하다.

5월 16일 -

　조천면(朝天面)지서원 3명이 99식 1정(挺), 44식총 1정(挺), 30년식 총 1정을 가지고 인민군(人民軍)에 투항 편입

5월 17일경 -

　조천(朝天)리 양천동(揚天洞) 반동 7명 숙청

5월 26일 -

　조천(朝天)리 물가에서 총을 물가에 두고 옷을 벗어서 세탁을 하고 있는 개 1명을 자위대(自衛隊) 동무 8명이 발견 포위하여 포로로 하고 오는 도중 서청(西靑) 엿장수 스파이가 보아서 지서에 통보하자 개들이 출동, 동무들은 포로 개를 대리고 피하려고 하자 개가 도주하기 시작하고 지서 개들이 추격하여 옴으로 동무들은 총과 탄환대(彈丸帶)만 가지고 퇴각(총은 99식총)

6월 15일경 -

　북촌리(北村里)에서 우도(牛島) 연평(演坪)을 떠나 성내(城內)로 가다가 역풍을 만나 북촌항(北村港)에 기항한 개 2명과 기타 신분 불명의 수인을 싫은 어선 1척을 발견하여 자위대(自衛隊) 동무들이 배를 내리고 뭍으로 올라오는 개를 포위 개 1명이 카-빙 총으로 모(某) 동무

의 가슴에 대여 겨누자 그 동무는 손으로 총을 붙잡고 밑으로 눌음과
동시에 탄창을 빼어 버렸다. 개는 발사했으나 들어 있는 탄환은 1발뿐
이었고 발사한 탄환은 그 동무의 양다리 사이를 통과하여 뒷 지면(地
面)에 박아지고 말았다. 이에 나머지 개 1명이 또다시 총에 탄환을 넣
으려고 하는 것을 권총을 가졌든 동무가 발사하여 개 2명을 숙청

선중(船中)의 개 가족과 신분 불명의 사람 약 10명은 포로(그 후 국
경(國警)에게 아지트를 피습 당했을 때 포로들은 탈주(脫走)당하다),
카-빙총 1정(挺), 99식총 1정(挺) 노획.
기타 반동 숙청 10명

종합 전과(綜合 戰果)
　⊖ 지서 습격 5회, 동 소각 1, 동 파괴 1.
　⊖ 개 사망 15명, 동 부상 1명, 동 가족 사망 4명, 동 투항 4명, 탈출
　　 1명, 동 행방불명 7명
　⊖ 반동 사망 38명(중 서청=西靑 8명 포함), 동 부상 2명, 동 포로
　　 17명(중 서청=西靑 1명), 동 행방불명 3명(전부 서청=西靑), 동
　　 가족 사망 2명, 동 가족 포로 2명, 동 가옥 소각 7호(戶)
　⊖ 무기 노획
　　 카-빙총 6정(挺), 99식총 5정(挺), 44식총 4정(挺), 30년식총 2
　　 정(挺), 황린탄(黃燐彈) 4발(發), 수류탄(手榴彈) 4발(發), 군도
　　 (軍刀) 3본(本)[12]
　⊖ 기타 다수 압수
　⊖ 전선절단(電線切斷) 500여 개소, 도로파괴 8개소
　⊖ 우리의 피해 동무 2명 희생, 2명 부상

---

12) 원저자 주 : 카-빙총 탄환 50발(發)과 38식총 탄환 800발(發) 집계 누락

(13) 전도 면별 전과(戰果) 일람표[13]

전과 종류	지서 습격 수	동(同) 파괴 수	동 소각 수	개 사망 수	개 부상 수	개 가족 사망 수	개 가족 부상 수	개 투항자 수	관공서 습격 수	동 소각 수	동 파괴 수	반동 사망 수	동 부상 수	동 가족 사망 수	동 부상 수	동 가옥 소각 수	동 파괴 수	경관가옥 소각 수
제주읍	7	1	1	5	5	3						66	9	4		9	3	2
애월면	4			16	16							24	1	3		2		
한림면	4		2	12								42	2			84		
대정면	6		1									14	3	2	1	2		
안덕면	1			6								6	5			2		
중문면										1		1	8	2				
서귀면													6	1				
표선면													3					4
남원면	1		1	1	1								1	1				
성산면	1	1											2				1	
구좌면	2			1						1	1		13	2	1		13	
조천면	5	1	1	15	1	4			4				38	2	2		7	
합계	31	3	6	56	23	7			4	2	1	1	223	28	12	1	120	7	2

13) 원저자 주:원문 등사불명으로 투쟁 면-각 면별 집계를 전재하였음. 대정면 내 경관 사망자 18명과 동 부상자 12명 및 화북, 대정, 남원 등 각 지서 급사 사망자 3명 통계 누락

전과 종류	반동포로수	동(同) 가족포로 수	전선절단수	도로파괴수	교량파괴수	무기노획 카빙총	동 카빙총탄창	동 카빙탄환	동 38식 탄환	동 수류탄	동 일본도	동 전화기	동 철창	동 철갑	동 배낭	동 공기총	동 44식총	동 99식총	동 38년식총	동 황린탄	기타 피검자 탈환
제주읍			349	140	1	1	2	9														
애월면			6	7	2	1	2	95		1											
한림면	3		64	7							1										39
대정면			10	7		2	1					1	15	1	1						
안덕면			3	1																	
중문면			5																		
서귀면																					
표선면																					
남원면			3			2		55								1					
성산면																					
구좌면						1											1				
조천면	17	2	500	8		6		50	800	4	3						4	5	2	4	4
합 계	20	2	940	170	3	13	5	209	800	5	4	1	15	1	1	1	5	5	2	4	43

투쟁보고서의 면별 활동 기록

투쟁보고서의 마지막 부분인 '투쟁 면'은 남로당 인민유격대가 투쟁하여 얻은 전과를 읍면별, 날짜별로 기록한 상세한 활동 일지입니다. 기록 순서는 제주읍을 시작으로 시계 반대 방향으로 각 면에서의 활동을 기록하고 있습니다.

사건에 대한 보충 설명

원문에 간략히 '반동 숙청'이라는 한 마디로 기록된 사건도 하나하나가 모두 끔찍한 비극입니다.[14] 그중에서 두 개만 간추려서 소개합니다.

1. **이도종 목사 살해 사건:** 대정면 기록에 6월 30일 '반동 목사'를 숙청했다고 되어 있는데, 이는 제주도 제1호 목사이자 1919년 독립자금 모금 사건으로 옥고를 치른 이도종 목사를 지칭하는 것입니다. 실제 순교일은 박진경 연대장이 암살된 6월 18일이며, 대정교회에 전도하러 가던 중 인민유격대에 의해 생매장당했습니다. 남로당이 겉

---

14) 투쟁보고서에 기록되지 않은 '도두리 사건'과 같은 참혹한 피해 사례도 있었습니다. 1948년 5월 19일, 남로당 인민유격대원 30여 명은 제주읍 도두리에서 이미 살해한 대동청년단 김용조의 아내 김성희 씨와 세 살 아들을 납치했습니다. 이들은 모자(母子)를 빈집으로 끌고 가 김성희 씨를 집단으로 성폭행했습니다. 이에 그치지 않고 같은 마을의 부녀자, 어린아이 등을 추가로 납치하여 같은 장소에 감금하고 무차별적으로 구타했습니다. 이후 납치한 11명 모두를 눈오름이라는 숲으로 끌고 간 이들은, 그곳에서 부녀자들을 다시 집단으로 성폭행하는 만행을 저질렀습니다. 그리고는 총검과 죽창, 일본도로 피해자들의 음부 등을 찌른 뒤, 숨을 거두기도 전에 산 채로 매장했습니다. 이 참극 속에서 세 살, 다섯 살의 어린아이까지 무참히 희생되었으며, 김성희 씨만이 구사일생으로 살아남았습니다. 이 사례는 박서동의 『월간 관광제주』 1989년 3월호 53쪽에 실려 있습니다.

으론 '친일 청산'을 내세웠지만, 자신들에게 협조하지 않으면 독립 유공자마저 살해했음을 보여주는 대표적인 사례입니다.

2. **우도 경찰관 살해 사건:** 조천면 기록에 6월 15일 '개 2명 숙청'으로 기록된 사건의 희생자는 우도지서장 양태수 경사와 진남량 순경입니다. 이들은 우도에서 제주읍으로 향하던 중 풍랑을 피해 북촌포구에 정박했다가 조천면 북촌리의 남로당 청년들에게 붙잡혔습니다. 양 경사는 권총에 맞아 살해된 후 바다에 버려졌고, 진 순경 역시 총을 맞고 몽둥이로 뇌가 보일 정도로 머리를 맞아 사망했습니다. 함께 배에 탔던 민간인 14명은 산으로 납치되었다가 토벌대에 의해 구사일생으로 구조되었습니다. 김덕선은 그때 구조된 일행 중 한 명인데, 당시 현장에서 자신을 가해했던 북촌리 김진태가 오히려 4·3희생자로 결정되었다고 분개한 일이 있습니다.[15] 반면에 진남량 순경은 연고자가 없어 어떤 보상도 받는 사람이 없습니다.

종합 전과 집계

투쟁보고서 끄트머리에 수록된 '전도 면별 전과 일람표'와 면별 기록을 종합하면, 이들이 자행한 폭력의 규모를 파악할 수 있습니다. 투쟁보고서의 기록을 바탕으로 피해를 집계하면 다음과 같습니다.

- **인명 피해(사망):** 총 320명 (경찰관 75명, 경찰 가족 7명, 우익 인사와 민간인 226명, 우익 인사 가족 12명)

  이 사망자수는 투쟁보고서 본문에 기록되어 있으나 <전과 일람표>

---

15) 제주4·3위원회. 『제주4·3사건진상조사보고서 수정의견 접수내용(1권)』. 2003. 65쪽

에는 반영되지 않은 인원을 포함했습니다. 원 저자는 대정면의 경찰관 사망자 18명이 통계에 누락되었다고 밝혔으나, 실제로 집계에 빠진 인원은 19명입니다.

- **인명 피해(부상):** 총 64명 (경찰관 35명, 우익 인사와 민간인 28명, 우익 인사 가족 1명)
- **인명 피해(납치/포로):** 22명 (우익 인사 20명, 우익 인사 가족 2명). 이들은 대부분 살해되었을 것으로 추정되며, 이를 포함하면 총사망자는 342명에 이릅니다.
- **시설과 재산 피해:** 지서 습격 31회, 관공서 습격 2회, 가옥 소각 122채, 도로 파괴 170개소, 전선 절단 940개소 등 막대한 피해를 줬습니다.
- **무기 노획:** 카빈총 13정을 포함한 다수의 총기와 탄약, 수류탄 등을 탈취하여 무장력을 강화했습니다.

오라리 방화사건

5월 1일 자 투쟁보고서 기록에는 제주읍 화북리 3구에서 반동 1명 숙청, 대정면 신평리와 영락리에서 반동 각 1명씩 숙청했다는 것뿐이고, 5월 1일 발생한 오라리 방화사건에 대한 언급은 없습니다. 4·3정부보고서는 이 사건을 두고 미군정이 인민유격대를 강경하게 진압할 명분을 만들기 위해 의도적으로 오라리 방화사건을 일으켜 4·28평화회담(김익렬·김달삼 제2차 회담)을 위반하고 이로 인해 도민 희생이 많아졌다고 주장하지만, 이러한 '강경진압 명분설'은 근거가 희박할 뿐만 아니라 논리적으로도 타당하지 않습니다.

당시 제주도는 이미 인민유격대의 폭력으로 극심한 혼란 상태에 놓여 있었으므로, 미군정이 굳이 사건을 조작하면서까지 강경 진압의 명분을 더 만들어야 할 이유가 전혀 없었기 때문입니다.

[원문 14]
국경(國警)과의 관계 시작 경위

투쟁보고서의 이 부분은 남로당이 어떻게 군 내부에 침투하기 시작했는지를 설명합니다. 1946년 11월 16일, 제주도에 제9연대가 창설되고 모병이 시작되자 1기생으로 4명의 프락치(스파이)를 입대시키는 데 성공했다고 밝히고 있습니다. 이들에 대한 상급당의 지도가 없자, 독자적으로 이들과의 연락선을 구축하며 공작을 시작했다고 기록했습니다.

이 부분은 4·3사건이 일어나기 1년 전부터 남로당이 의도적으로 군대에 프락치를 침투시키는 장기적인 공작을 벌여왔음을 스스로 인정하는 기록이라는 점에서 중요합니다. 이는 4·3사건 과정에서 발생한 군 내부의 각종 협력 행위나 반란이 우발적인 사건이 아니라, 사전에 계획된 공작의 연장선에 있었음을 시사합니다. 이 초기 침투는 이후 제주도를 엄청난 위기로 몰아넣은 대규모 프락치 사건들의 시초가 되었습니다.

四. 국경(國警)과의 관계

(1) 관계 시작 경위

　　1946년의 본도 3·1투쟁[16] 직후 때마침 본도 주둔 제9연대가 신설되어 제1차 모병이 있음으로 이에 대정(大靜) 출신 4동무(고승옥=高升玉, 문덕오=文德五, 정두만=鄭斗萬, 류경대=柳京大)를 프락치로써 입대시켰음. 그 후 5월에 내도(來島)한 중앙 올구 이명장(李明章) 동무에게 이것을 보고하여 지도 문제와 활동 방침을 남도(南道)에 가서 지시하여 주도록 요청한 바 있었으나 그 후 아무런 지시도 없었고 내도(來島)한 올구를 통해서 재삼재사 프락치 지도에 관한 시급한 지시를 요청하였으나 아무런 대답이 없었음.

　　그러나 도당부(島黨部)에서는 이것을 포기할 수 없어 독자적으로 선(線)을 확보하였음.

　　그 후 대정면(大靜面)당을 통하여 경상적으로 연락을 확보하였으나 좌기 프락치 4명 중 정두만(鄭斗萬) 동무는 조직이 없이 탈출하여 일본으로 도피, 류경대(柳京大)는 군기대(軍紀隊)에 전근 이래 반동의 기색을 띄게 되었음.

---

16) 원저자 주 : 소위 3·1 및 3·10 투쟁은 1947년임

제9연대 창설과 프락치 침투

투쟁보고서에 따르면 대정면 모슬포에서 국방경비대 제9연대가 창설 (1946년 11월)되자 남로당제주도당은 1947년 3·10총파업 직후 제1기 모병 때 대정면 출신인 고승옥, 문덕오, 정두만, 류경대 등 4명을 프락치로 입대시키는 데 성공했습니다.

1947년 5월, 제주도당은 중앙당에서 파견된 올구 이명장에게 이 사실을 보고하고 프락치 활동 방침에 대한 지도를 전남도당이 제주도당에 내려주도록 요청했습니다. 그러나 아무런 응답이 없었습니다. 때문에 답답함을 느낀 제주도당은 결국 독자적으로 대정면당을 통해 프락치들과의 비상연락선을 구축하고 지속적인 관계를 유지했습니다. 하지만 초기 프락치 4명 중 정두만은 일본으로 도피했고, 류경대는 군기대로 전출된 후 '반동의 기색'을 보여 전력에서 이탈했습니다. 중앙당이 전남도당을 거치지 않고 제주도당에 직접 지시를 내리지 않는 것을 보면 공산당의 엄격한 위계질서 체제임을 다시 한번 확인할 수 있습니다.

2대 프락치 사건

남로당의 프락치 공작은 4·3사건 기간 중 제주도를 두 차례나 치명적인 위기로 몰아넣을 뻔했습니다. 두 사건 모두 사전에 발각되어 최악의 사태는 막았지만 만약 성공했다면 제주도는 남로당의 해방구가 되었을 것입니다.

1. 군 프락치 사건 (1948년 10월 28일)

1948년 10월 19일, 제주 파견 명령을 거부한 제14연대가 여수·순천에서 반란을 일으키자 제주도 내 남로당 세력은 크게 고무되었습니다. 당시 제9연대장 송요찬 중령은 반란군으로 위장한 부대를 해안에 상륙시켜 이들을 환영하러 나오는 유격대를 일망타진하려는 작전을 계획했습니다. 그러나 10월 28일, 작전 협의를 위해 경찰국장에게 전화를 걸던 송 연대장은 우연히 합선된 전화에서 한 하사관이 이 작전 계획을 누설하는 것을 감청하게 됩니다. 즉각적인 수사를 통해 연대 내에 침투해 있던 강의원 소위 등 프락치 80명이 검거되었습니다. 이들은 연대장이나 중대장을 암살할 계획까지 세우고 있었던 것으로 드러났습니다.

2. 경찰 프락치 사건
　　(11·7 사건, 제주도적화음모사건, 1948년 11월 1일)

남로당제주도당은 러시아 10월 혁명 기념일인 11월 7일에 맞춰 제주도를 공산화 해방구로 만들려는 대규모 봉기를 계획했습니다. 경찰 내 프락치들을 중심으로 통신망을 장악하고, 유치장을 개방하며, 무기고를 탈취하고, 정부 요인과 우익 인사를 암살하려는 치밀한 계획이었습니다. 그러나 10월 24일 이덕구가 대한민국을 상대로 선전포고하여 사태가 급박해지자 거사일이 11월 1일로 앞당겨졌고, 실행 직전 경찰 프락치였던 서용각 순경이 마음을 바꿔 자수하면서 모든 계획이 드러났습니다. 이 자수로 경찰, 도청, 법원, 검찰, 우체국, 전화국, 송신소, 해운국, 제주읍 등 각 기관에 침투해 있던 프락치 83명이 일망타진되면서 제주도는 엄청난 위기를 모면할 수 있었습니다.

4·3투쟁과 국경(國警)과의 관계

투쟁보고서에 따르면, 남로당제주도당은 제9연대 내 프락치들을 동원하여 제주읍의 핵심 기관을 공격하는 것을 주력 작전으로 삼았습니다. 그러나 작전 직전, 프락치 조직이 이원화되어 있었음이 드러났고, 중앙당의 직접 지휘를 받는 장교 프락치 조직이 중앙 지시가 없다는 이유로 동참을 거부하면서 계획이 실패했다고 밝히고 있습니다.

투쟁보고서 이 부분의 의의는, 4·3사건이 민중 봉기가 아니라 국방경비대 병력을 동원해서 정부 기관을 전복하려 했던 명백한 '폭동'이었음을 그들 스스로 기록을 통해 증명한다는 점에 있습니다.

(2) 4·3 투쟁과 국경(國警)과의 관계

　3·1투쟁 직전[17]에 내도 한 도(道) 올구 이(李)동무의 상도편(上道便)에 국경(國警) 문제에 대한 시급한 대책을 요청하였든 바 이(李)동무는 재차 3월 중순에 내도함과 동시에 무장 반격에 관한 지시와 아울러 "국경(國警) 프락치는 도당(島黨)에서 지도할 수 있으며 이번의 무장 반격에 이것을 최대한으로 동원하여야 된다"고 언명하였음. 이 지도를 중심으로 4·3(사건) 투쟁의 전술을 세우는데 있어서 감찰청(監察廳)과 1구서(1區署) 습격에 국경(國警)을 최대한으로 동원하고 나머지 각 지서는 유격대(遊擊隊)에서 담당하기로 양면작전을 세워 즉시 좌기 프락치에게 연락을 부치고 동원 가능 수를 문의한 바 800명 중 400명은 확실성이 있으며 200명은 마음대로 좌우할 수 있다. 반동은 주로 장교급으로서 하사관(下士官) 합하여 18명이니 이것만 숙청하면 문제없다는 보고가 있었음.

　동시 만일 경비대가 동원된다면 현재 1연대(聯隊)[18]에는 차(車)가 없으니 차(車) 약 5대만 돌려주면 좋고 만약 불가능하면 도보(徒步)로라도 습격하겠다는 말이 있었음.

　이 보고를 중심으로 즉시 4·3투쟁에 총궐기하여 감찰청(監察廳)과 1구서(1區署)를 습격하라는 지령과 아울러 자동차 5대를 보냈음.

　그런데 의외에도 4·3 당일에 국경(國警)이 동원되지 않음으로 이것을 이상한 일로 생각하고 있든 바 4월 5일에 상도(上島)한 도(島) 파견 국경(國警) 공작원(도상위청책=島常委靑責 동무)의 보고에 의하여 다음과 같은 진상이 판명되었음.

　즉 파견원이 최후적 지시를 가지고 국경(國警) 프락치를 만나러 갔

---

17)　원저자 주 : 4·3투쟁 직전의 오기가 아닌가 한다.
18)　원저자 주 : 9연대의 오기가 아닌가 한다.

든 바 프락치 2명은 영창(營倉)에 수감(收監)되어 없었음으로 할 수 없이 횡적(橫的)으로 문상길(文常吉) 소위를 만났든 바 이 동무의 입을 통해서 국경(國警)에는 이중 세포가 있었다는 것, 그 하나는 문(文)소위를 중심으로 해서 중앙 직속의 정통적 조직이며 또 하나는 고승옥(高升玉) 하사관을 중심으로 한 제주도 출신 프락치로의 조직이었음.

그래서 4·3투쟁 직전에 고하사관(高下士官)이 문(文)소위에게 무장투쟁이 앞으로 있을 것이니 경비대(警備隊)도 호응 궐기해야 된다고 투쟁 참가를 권유했든 바 문(文)소위는 중앙 지시가 없으니 할 수 없다고 거절한 바 있었다고 함.

이 말을 듣고 도(島)파견 국경(國警) 공작원은 깜짝 놀랐으나 이렇게 된 이상 어찌할 수 없으니 제주도 30만 인민의 생명과 재산을 수호하고 또한 우리의 위대한 구국항쟁의 승리를 위하여 기어코 참가해야 한다고 재삼재사 요청하였으나 중앙 지시가 없음으로 어찌할 수 없다고 결국 거절당했음. 이리하여 4·3투쟁에 있어서의 국경(國警) 동원에 의한 거점 분쇄는 실패에 돌아갔음.

남로당 전남도당 올구의 무장반격전 지령

1948년 3월 15일경, 제주도에 다시 내려온[19] 전남도당 올구는 제주도당에 무장반격전을 지령하면서 국방경비대 내 프락치 조직을 제주도당이 직접 지휘할 수 있으며, 이번 반격에 "최대한으로 동원하여야 된다."라는 지침을 내렸습니다. 4·3사건의 지령 및 기획은 남로당 상부의 승인하에 수립되었습니다. 군 병력을 동원하는 이와 같은 중대한 지시는 제주도당이나 전남도당의 권한을 넘어서는 것이므로, 전남도당 올구가 사전에 중앙당의 승인을 받고 이를 전달했다고 보는 것이 합리적입니다.

군 병력을 동원한 양면 작전

상부의 지침을 받은 제주도당은 양면 작전을 수립했습니다.

1. **주력 작전:** 제9연대 내 프락치가 군 병력을 동원하여 제주읍의 핵심 거점인 제주경찰감찰청과 제1구경찰서를 분쇄한다.
2. **보조 작전:** 남로당이 양성한 유격대가 나머지 경찰지서들을 공격한다.

이 계획에 따라 제9연대 프락치인 고승옥 하사관에게 동원 가능 병력을 문의하자 그는 9연대 800명 중 400명은 확실하고 200명은 마음대로

---

19) 원저자는 투쟁보고서에서 '3·1투쟁 직전에'를 '4·3투쟁 직전의 오기가 아닌가 한다.'라고 각주를 달고 있습니다. 필자도 거기에 동의합니다. 그 이유는 전남도당 올구 이(李)동무가 전남으로 올라갈 때 제주도당에서 9연대 내 프락치를 지휘할 수 있도록 전남도당이나 중앙당에서 명확한 지시를 내려 주도록 요청한 시기를 48년 4·3사건 직전이라고 보는 것이 합리적이지, 1년 전인 47년 3월 1일 직전이라고 보기에는 무리가 있기 때문입니다. 따라서 필자는 이 동무가 제주도당의 건의를 받고 48년 2월 말 일경에 전남으로 올라가 약 보름동안 체류하면서 무장반격전과 프락치 지휘 문제, 국경 동원에 대한 중앙당의 승인을 받고 3월 중순에 다시 내도하여 무장반격전을 지령했다고 판단합니다.

좌우할 수 있으며, 반동적인 장교와 하사관 18명만 숙청하면 문제없다고 보고했습니다. 또한 차량 5대만 지원해 주면 즉시 출동하겠다고 약속했습니다. 이 보고에 남로당제주도당은 승리를 자신했습니다.

계획의 실패와 이중 프락치 조직

4·3 거사 전날 밤, 제주도당은 수송용 차량 5대를 이끌고 제9연대로 공작원을 보냈습니다. 그러나 공작원이 프락치 고승옥과 문덕오를 찾아갔을 때, 그들은 이미 영창에 갇혀 만날 수 없었습니다. 대신 공작원은 횡적으로 연결된 문상길 소위를 만났고, 그를 통해 충격적인 사실을 알게 됩니다. 제9연대 내에는 남로당 프락치 조직이 두 개 존재했던 것입니다.

- **중앙당 직속 조직**: 문상길 소위를 중심으로 한 장교 조직으로, 중앙당의 직접 지휘를 받음.
- **제주도당 소속 조직**: 고승옥 하사관을 중심으로 한 제주도 출신 사병 조직.

문상길은 공작원에게 고승옥이 무장투쟁에 호응해달라고 권유했지만 중앙의 지시가 없어 거절한 적이 있었다고 밝혔습니다. 공작원이 제주도 30만 인민의 생명을 위해 참가해달라고 재차 간청했지만, 문상길은 중앙 지시가 없어 어쩔 수 없다며 최종적으로 거절했습니다. 이로써 군 병력을 동원하려던 계획은 실패로 돌아갔습니다.

이와 같은 원문의 내용은 4·3사건이 민중 항쟁이 아니라, 군대를 동원해 정부 기관을 파괴하려 했던 명백한 폭동임을 보여줍니다.

중앙 지시가 없었다는 주장의 진실

일각에서는 문상길의 발언을 근거로 4·3사건이 중앙당의 지시 없이 제주도당이 단독으로 일으킨 것이라고 주장합니다. 그러나 전(前)제주4·3위원회 전문위원 나종삼은 문상길의 병력출동 거절 이유를 다음과 같이 설명합니다. 당시 부대에 탄약이 보급되지 않아 출동할 수 없다고 판단한 문상길은 고승옥과 문덕오를 영창에 들어가 있도록 하고 공작원에게 중앙 지시가 없어서 병력 출동이 불가하다는 핑계를 댔다는 것입니다. 실제 당시 연대장이었던 김익렬 중령의 유고에도 9연대가 '탄환을 1발도 보유하지 못했다.'라거나 '탄환 한 발 없는 9연대가', '탄환 없는 경비대는', '탄환이 도착할 때까지 현 상황을 유지하기 어'렵다는 등의 기록이 여러 차례 등장합니다.[20)]

중앙당과 전남도당이 내린 5·10 선거 저지 지령은 이 투쟁보고서에 전남도당 올구 이(李)동무가 무장반격전에 관한 지시를 했다는 것이 명기되어 있는 것 이외에도 2·7 구국투쟁 지령, 미군정 보고서,[21)] 김봉현·김민주의 『제주도인민들의4·3무장투쟁사』[22)] 등에 수없이 많이 나타납니다. 따라서 문상길의 발언 하나만으로 4·3사건을 중앙당과 무관한 제주도당 단독 결정으로 일으킨 사건으로 보는 것은 타당하지 않습니다.

---

20) 문상길의 무장반격전 불참 사유에 관해서는 다른 설도 있습니다.
　　문상길은 중앙당 군사부 직속 프락치로서, 군대 내부 파괴공작이라는 특수한 임무를 부여받았습니다. 따라서 제주도당의 지시에 따라 무장 반격전에 참여할 경우, 자신의 주된 임무 수행에 차질이 생길 위험이 있었습니다. 즉, 자신의 핵심 임무를 보호하기 위해 제주도당의 동원 지시를 거절했다는 설입니다.
21) 미군정 자료에 남아있는 남로당중앙당 지령에 관한 기록물 중에 '1948년 2월 중순부터 3월 5일 사이에 제주도 전역에서 폭동을 시작하라'라는 두 개의 문서가 남아 있습니다.
22) 김봉현은 4·3주동자 중의 한 사람입니다. 그가 쓴 이 책에는 '박현영 이승엽의 그릇된 전략전술에 오도되었으며, 김달삼 강규찬은 아무런 승산도 없는 지시를 받아 가면서'라고 기록되어 있습니다. 이 말은 곧 4·3사건이 남로당 중앙당의 지령을 받고 일으켰다는 것을 알 수 있습니다.

4·3투쟁 그 후 국경(國警)과의 연결

이 부분은 4·3사건의 핵심 주동자인 김달삼이 진압군 지휘관인 제9연대장 김익렬, 제5연대 대대장 오일균, 그리고 프락치 문상길 등과 수차례 비밀회담을 가진 사실을 상세히 기록하고 있습니다. 김익렬과의 회담에서는 그를 이용해 진압군의 토벌을 지연시켰습니다. 오일균과의 비밀회담을 통해 유격대는 진압군으로부터 정보와 무기를 공급받고, 군 내부의 반란과 탈영을 조장하며, 진압군 총책임자인 박진경 연대장의 암살을 함께 모의하기로 합의했습니다. 이를 통해 4·3사건의 비극이 진압군 내부의 핵심 지휘관들에 의해 걷잡을 수 없이 심화됐음을 알 수 있습니다.

(3) 그 후의 연결(聯結)

기후(其後) 올구를 파견하여 문(文)소위와 정상적인 정보 교환을 하여 오든 바 4월 중순에 이르러 돌연히 부산 (釜山) 제5연대 1개 대대가 내도(來島)하여 산부대를 포위 공격하게 되었음으로 시급히 대책을 세워야 된다는 긴급 연락이 있어 군책(軍責)이 직접 파견되어 문제를 수습하기로 되었음.

군책(軍責)과 문(文)소위가 만난 결과 국경(國警)의 세포는 중앙 직속이므로 도당(島黨)의 지시에 복종할 수 없으나 행동의 통일을 위하여 밀접한 정보 교환, 최대한의 무기 공급, 인민군(人民軍) 원조 부대로서의 탈출병 추진, 교양자료의 배포 등의 문제에 의견의 일치를 보았고 더욱이 최후 단계에는 총궐기하여 인민과 더불어 싸우겠다고 약속하였음.

또 9연대 연대장 김익렬(金益烈)이가 사건을 평화적으로 수습하기 위하여 인민군대표(人民軍代表)와 회담하여야 하겠다고 사방으로 노력 중이니 이것을 교묘히 이용한다면 국경(國警)의 산(山) 토벌을 억제할 수 있다는 결론을 얻어 4월 하순에 이르기까지 전후 2회에 걸쳐 군책(軍責)과 김(金) 연대장과 면담하여 금반 구국항쟁의 정당성과 경찰의 불법성을 특히 인민(人民)과 국경(國警)을 이간시키려는 경찰의 모략 등에 의견의 일치를 보아 김(金) 연대장은 사건의 평화적 해결을 위하여 적극 노력하겠다고 약속하였음(제1차 회담에는 5연대 대대장 오일균(吳一均)씨도 참가 열성적으로 사건 수습에 노력했음).

그 후 5월 7일에 내도(來島)한 중앙 올구는 국경(國警) 프락치에 대한 지도는 도당(島黨)에서 할 수 있다고 언명하였기에 국경(國警)과의 관계는 복잡화하여지고 투쟁에 결정적인 약점을 가져오게 되었음.

그 후 5·10 투쟁까지는 국경(國警)으로부터 아무런 공격도 없어 우리의 활동에는 크나큰 이익을 가져왔다.

5·10 제주읍에서 도당(島黨) 대표로써 군책(軍責), 조책(組責) 2명과 국경측(國警側)에서 오일균(吳一均) 대대장 및 부관(副官) 9연대 정보관 이(李)소위 등 3명과 계(計) 5명이 회담하여

㊀ 국경(國警) 프락치에 대한 지도 문제

㊁ 제주도 투쟁에 있어서의 국경(國警)이 취할 바 태도

㊂ 정보 교환과 무기 공급 등 문제를 중심으로 토의한 결과 다음의 결론에 의견의 일치를 보게 되었음.

Ⓐ 국경(國警) 지도 문제에 있어서 일방에서는 도당(島黨)에서 지도할 수 있다고 하며 일방에서는 중앙 직속이라고 함으로 결국 이 문제는 해결 불가능하다. 그럼으로 도당(島黨)에서 박은 프락치만은 도당(島黨)에서 지도하되 행동의 통일을 위하여 각각 소속 당부의 방침 범위 내에서 최대한의 협조를 하지 않으면 안 된다.

Ⓑ 제주도 치안에 대하여 미군정과 통위부(統衛部)에서는 전면적 포위 토벌 작전을 지시하고 있으나 이것이 실행되면 결국 제주도 투쟁은 실패에 돌아가고 만다. 그럼으로 국경(國警)에게서는 포위 토벌 작전에 대하여 적극적인 사보타-주 전술을 쓰며 국경(國警) 호응 투쟁에 관해서는 중앙에 건의한다. 특히 대내(隊內) 반동의 거두 박진경(朴珍景) 연대장 이하 반동 장교들을 숙청하지 않으면 안 된다.

Ⓒ 최대의 힘을 다하여 상호간의 정보 교환과 무기 공급 그리고 가능한 한도 내에 있어서의 탈출병(脫出兵)을 적극 추진시키지 않으면 안 된다.

프락치와의 공모

4·3 당일 9연대 병력 출동을 거절한 후에도, 남로당은 제9연대 내 프락치 장교인 문상길 소위와 지속적으로 접촉하며 정보를 교환했습니다. 4월 중순, 문상길로부터 부산 제5연대 1개 대대가 제주에 증파된다는 긴급 정보를 입수한 김달삼(군책)은 상황이 위중하다고 판단해 직접 문상길을 만났습니다.

이 비밀회담에서 문상길은 자신의 조직이 중앙당 직속이라 제주도당의 지휘를 받을 수 없다고 선을 그으면서도, 다음과 같은 사항에 합의했습니다.

- 긴밀한 정보 교환
- 최대한의 무기 공급
- 인민군 지원을 위한 탈영 공작 추진
- 선전·선동용 교양 자료 배포
- 최후의 단계에는 총궐기하여 인민과 함께 싸울 것

이는 사실상 문상길이 대한민국에 대한 전면적인 반역을 약속한 것입니다. 실제로 그는 이후 무기 지원, 집단 탈영 지시, 박진경 대령 암살 지시 등을 통해 지속적으로 반역 행위를 저질렀습니다. 그럼에도 오늘날 그를 안중근 의사에 비유하거나, 1922년부터 4·3 관련 단체에서 문상길과 손선호가 사형된 날에 맞춰 경기도 고양시 망월산까지 가서 진혼제를 지내는 일이 있는데 이는 역사를 심각하게 왜곡하는 행위입니다.

김익렬·김달삼 비밀회담(제1차회담)

투쟁보고서에 따르면, 김달삼은 김익렬과 두 차례나 회담했습니다. 유격대는 이 회담을 "국경의 산 토벌을 억제"하기 위해 김익렬을 "교묘히 이용"하려는 기만전술의 하나로 활용했습니다.

제1차 회담은 제5연대 오일균 소령이 제주에 도착한 1948년 4월 20일 이후, 그리고 제2차 회담이 열린 4월 30일 이전에 이루어졌습니다. 회담에는 국방경비대 측에서 김익렬 연대장과 오일균 대대장이, 남로당 측에서는 군사총책 김달삼이 참석했습니다.

투쟁보고서에 따르면, 이 회담에서 김익렬은 김달삼의 '구국항쟁의 정당성'과 '경찰의 불법성'에 동의했으며, 경찰이 군과 인민을 이간질하려 한다는 데 의견의 일치를 보았다고 합니다. 또한 사건의 평화적 해결을 위해 적극 노력하겠다고 약속했다고 기록되어 있습니다.

진압군 총책임자가 상부의 허가 없이 비밀리에 적장과 만났고, 폭동의 정당성을 인정했으며, 우군인 경찰을 비난하며 적과 동조했습니다. 그 하나하나가 모두 극형을 받을 만한 명백한 이적행위입니다. 이 회담은 너무나 불법적이었기에 김익렬 자신도 기고문이나 유고문에 한마디 언급조차 하지 않았습니다.

4·3정부보고서에 진압군의 핵심 지휘관이 반란 세력과 내통하고 공모한 이 회담에 대한 기록이 없다는 점은 정부의 공식 보고서의 신뢰성에 의문을 가지게 합니다.

주목할 점은 이 투쟁보고서에서 김익렬·오일균과 김달삼 회담(제1차회담) 이후 '그 후 5·10투쟁까지 국경으로부터 아무런 공격도 없어 우리의 활동에는 크나큰 이익을 가져왔다.'고 평가하는 점입니다. 또 김봉현·김민주의『제주도인민들의4·3무장투쟁사』에는 '9연대 김익렬은 4·3봉기 전후에 있어서도 무장대의 활동을 묵시(默示)하면서 개떼들의 동족상살(同族相殺)을 증오 배격하였다'라고 호평하였다는 점입니다.

김익렬·김달삼 제2차 회담

제2차 회담은 1948년 4월 30일에 열렸습니다. 이 회담은 미군정 장관 딘 장군이 대규모 유혈사태를 막기 위해 진압군에게 항복할 기회를 주라고 지시한 데 따른 '귀순 권고 회담'이었습니다. 이때 김달삼이 항복했다면 수많은 제주도민 희생은 없었을 겁니다. 그러나 김달삼은 항복할 생각이 전혀 없었습니다. 김달삼은 김익렬을 이용하여 5·10선거반대투쟁을 성공시키려 했고 김익렬은 평화적으로 해결할 수 있다는 순진한 생각에서 출발했기 때문에 처음부터 김달삼 농간에 이용만 당한 회담이었습니다.

김익렬은 이 회담에 대해 두 개의 글을 남겼습니다. 기고문[23]은 그가 9연대장에서 전출한 지 한 달 만인 6월에 썼고, 유고문은 그가 회담한 지 29년이 지난 1977년 3월 무렵부터 쓰기 시작해서 사후에 공개하라는 유언에 따라 1988년 12월 사망 후 공개되었습니다. 기고문과 유고문에서 그는 서로 완전히 다른 주장을 펼쳐 본인의 신뢰성을 스스로 무너뜨렸습니다.[24]

---

23) 김익렬의 기고문은 국제신문(1948.8.6.~8.8)「동족의 피로 물들인 제주 참전기」에, 유고문은 제민일보 4·3취재반(1994)의 『4·3은 말한다(2권)』 273~357쪽에 수록되어 있습니다.

24) 회담 직후에 작성된 기고문이 29년 후 작성되어 사후에 공개된 유고문보다 신빙성이 높다고 보아지고, 사후에 공개되는 유고문은 반론이 원천적으로 봉쇄됩니다. 군 고위 장성으로서 정정당당하지 못한 점이 아쉽습니다. 그리고 4·3정부보고서를 집필하면서 이처럼 명백히 상충하는 두 기록 중 기고문은 묵살하고, 교차 검증 과정 없이 유고문만을 근거로 작성했다는 점은 실로 개탄스러운 일입니다.

- 김달삼의 요구 조건: 기고문에서는 김달삼이 '단정(單政) 반대'와 '경찰의 무장해제'를 요구했다고 밝혔습니다. 이는 협상자 김익렬의 권한 밖의 문제일 뿐만 아니라 미군정에서도 도저히 받아들일 수 없는 내용으로 김달삼이 협상 의지가 없고 지연 전술을 쓰려했음을 보여주는 조건입니다. 그러나 유고문에서는 이 결정적인 '단정 반대' 요구가 삭제되어 있습니다.

- 휴전 기간: 기고문에서는 자신이 7일간의 휴전을 제안했다고 썼는데, 이는 5·10 선거를 코앞에 두고 유격대에게 시간을 벌어주는 제안이었습니다. 그 기간 동안 유격대는 토벌 위험에서 벗어날 수 있을 뿐만 아니라 5·10 선거 방해 투쟁 준비 시간을 확보할 수 있기 때문입니다. 반면 유고문에서는 휴전 기간을 72시간으로 대폭 줄여서 기록했습니다. 4·3정부보고서는 비판적 검증 없이 회담 29년 뒤에 쓴 유고문의 72시간 휴전 제안을 그대로 인용하는 오류를 범했습니다.

- 회담 이후 상황: 두 기록은 정반대의 상황을 묘사합니다. 기고문에서는 "나의 의견은 통과를 보지 못하고 그날 밤부터 총공격은 개시되었"다라고 썼지만, 유고문에서는 정반대로 "오래간만에 제주도는 총소리가 그치고 평온을 되찾았다."라고 썼습니다. 유고문의 내용은 실제 전개된 제주도 내 상황과도 어긋납니다.

김익렬은 김달삼의 기만전술에 완전히 속아 넘어갔을 뿐만 아니라, 평화적 해결을 명분으로 적에게 시간을 벌어주는 등 결과적으로 이적행위를 했습니다. 이 회담 무렵부터 그가 9연대장에서 해임될 때까지 9연대는 제대로 된 토벌 작전을 펼치지 않았습니다. 김달삼 스스로가 김익렬의 소극적인 대응 덕분에 "아무런 공격도 없어 우리의 활동에 크나큰 이익을 가져왔다."라고 평가했으며 이를 투쟁보고서에 명기하였습니다. 그리고 부하

장교인 오일균과 문상길의 반역 행위에 대한 그의 지휘 책임 역시 가볍지 않습니다. 그래서 김익렬을 의인이나 제주의 쉰들러라고 하는 것에 동의할 수 없습니다. 분명한 역사 왜곡이기 때문입니다.

5·10 비밀회담

진압군의 압박이 거세지고 5월 6일 박진경 중령이 새로운 연대장으로 부임하는 등 상황이 긴박하게 돌아가자, 5월 7일 남로당중앙당에서 올구가 급파됩니다. 이 올구는 김달삼에게 오일균과의 회담을 지시하고 구체적인 투쟁 지침을 내리기 위해 내려온 것으로 추정됩니다. 중앙당 올구가 제주에 내려온 직후인 5월 10일, 제주읍에서 김달삼·김양근(남로당 측)과 오일균 대대장과 정보관 이 소위, 부관(국방경비대 측)이 참석한 5인 비밀회담이 열렸습니다.

이들은 세 가지 주요 의제를 논의하고 다음과 같이 합의했습니다.

- **프락치 지휘권 문제:** 군 내부의 프락치 조직이 제주도당 소속과 중앙당 직속으로 이원화되어 있어 계속해서 혼선을 초래했고, 이것이 4·3투쟁에 결정적 약점으로 작용했다고 기록하고 있습니다. 이 회담에서는 지휘권 통합이 불가능하다고 결론 내렸습니다. 대신, 각자 소속된 당의 방침 내에서 최대한 협조하기로 했습니다.
- **진압 작전 사보타주:** 미군정과 통위부(국방부 전신)의 전면적인 포위 토벌 작전이 실행되면 유격대 투쟁이 실패할 것이라는 데 인식을 같이했습니다. 이에 따라 국방경비대가 토벌 작전 시 '적극적인 사보타주 전술'을 써서 진압을 약화하기로 합의했습니다.
- **박진경 연대장 암살 공모:** 투쟁보고서는 이들이 "특히 대내(隊內)

반동의 거두 박진경(朴珍景) 연대장 이하 반동 장교들을 숙청하지 않으면 안 된다."라는 데 의견의 일치를 보았다고 명시했습니다.

- **기타 협력:** 상호 간의 정보 교환(사실상 군사 정보 유출), 무기 공급, 탈출병 공작 등을 최대한 적극적으로 추진하기로 합의했습니다.

이 회담에서 박진경 연대장이 부대 파악마저 마치기 힘든, 부임 후 불과 4일 만에 그의 암살을 결정했습니다. 이는 박(진경) 중령의 잔인한 행태로 인해 암살했다는 문상길과 그 부하들의 주장을 정면으로 반박하는 증거입니다. 암살은 그의 행동에 대한 반응이 아니라, 지휘관을 제거하여 진압 작전을 무력화시키려는 남로당과 군 내부 프락치들의 선제적인 정치적 공모였습니다.

실제로 암살을 직접 실행한 손선호 하사는 회담의 당사자인 오일균 소령의 직속 위생병이었습니다. 결국 오일균과 문상길 등은 남로당과 내통하여 진압 작전을 방해하고, 무기를 공급하고 탈영을 적극 추진해서 아군에게 막대한 피해를 주었으며, 상관의 암살을 공모하고 실행한 명백한 반역 행위를 저지른 것입니다.

[원문 17]

국경(國警)으로부터 유격대*에 대한 원조 경위

투쟁보고서의 이 부분은 남로당 유격대가 국방경비대와 해경 내부의 동조자와 탈영병들로부터 구체적으로 어떤 인적·물적 지원을 받았는지를 상세히 기록한 일지입니다. 1948년 3월부터 7월까지 총 16건에 걸쳐, 진압군 지휘관들이 직접 무기와 탄약을 공급하고, 수십 명의 병사들이 무기를 소지한 채 탈영하여 유격대에 합류한 내역이 날짜별로 명시되어 있습니다.

이 부분은 앞서 언급된 비밀회담에서의 이적행위 공모가 단순한 약속에 그치지 않고, 실제로 이행되었음을 보여주는 명세서라는 점에서 중요합니다. 진압군 총책임자였던 김익렬 연대장까지 유격대에 탄약을 제공했다는 기록은 충격적입니다.

*원문에는 '우리에 대한 원조 경위'라고 되어 있지만 '우리'라는 말이 혼동을 일으킬까 봐 '유격대에 대한 원조 경위'라고 제목을 바꾸었습니다.

(4) 국경(國警)으로부터 우리에 대한 원조 경위(援助 經緯)

   (탈출병=脫出兵을 중심으로)

㉠ 3월 25일 경 한림면(翰林面) 협재리(狹才里)에 와 있든 해경(海警) 중에서 동무 1명이 99식총 5정을 가지고 탈출 인민군(人民軍)에 입대 그 후 4·3투쟁 후에 기관장(機關長)으로부터 조명탄통(照明彈筒) 1정(挺)과 동 탄환 7발(發)을 보내어 왔음.

㉡ 4월 중순경 문(文)소위로부터 99식총 4정(挺), 오일균(吳一均) 대대장으로부터 카-빙 탄환 1,600발(發), 김익렬(金益烈) 연대장으로부터 카-빙 탄환 15발(發)을 각각 공급 받음.

㉢ 5월 중순 5연대 통신과 동무로부터 신호탄(信號彈) 5발(發) 공급받음.

㉣ 5월 17일 경 오일균(吳一均) 대대장으로부터 M1총 2정(挺) 동 탄환 1,443발(發), 카-빙총 2정(挺), 동 탄환 800발(發)을 공급 받음.

㉤ 5월 20일 문(文) 소위 지시에 의하여 9연대 병졸 최(崔) 상사이하 43명이 각각 99식총 1정식을 가지고 탄환 14,000발(發)을 트럭에 싫어 탈출, 도중 대정(大靜)지서를 습격, 개 4명, 급사(給仕) 1명을 즉사시키고 지서장에게 부상시킨 후 서귀포(西歸浦) 경유 상산(上山)하려고 했으나 그 연락이 안 되어 결국 22명은 피검(被檢), 탄환 다수 분실 혹은 압수당하고 겨우 4, 5일 후에야 나머지 21명과 아부대와 연락되었음(이때에는 각각 99식총

1 정(挺)식과 99식 탄환 100발식만이 남아 있었음).[25] 이 때 연락이 안 된 원인은 문(文) 소위가 우리에게 보낸 연락 방법과 탈출병(脫出兵)들이 연락한 연락 방법 사이에 커다란 차이가 있었든 것에 기인한다.

㈥ 5월 21일 대정면(大靜面) 서림(西林) 수도(水道) 보초(步哨) 2명이 99식총 3정(挺)을 가지고 탈출 인민군(人民軍)에 입대

㈐ 5월 말일 애월면(涯月面) 주둔 5연대 병졸 4명이 각각 M1총 1정(挺)식 가지고 탈출 인민군(人民軍)에 입대

㈑ 5월 말일 9연대 고승옥 상사(高升玉 上士) 이하 7명이 카-빙총 1정(挺)과 99식총 7정(挺)을 가지고 탈출 인민군(人民軍)에 입대

㈒ 6월 초순 대정(大靜)에서 9연대 상사(上士) 문덕오(文德五) 동무 99식총 1정(挺) 가지고 탈출 인민군(人民軍)에 입대

㈓ 6월 20일 대정면(大靜面)에서 해경(海警) 1명이 99식총 2정(挺)을 가지고 탈출

㈔ 7월 1일 대정(大靜)에서 서림(西林) 수도(水道) 보초(步哨) 10명이 99식총 11정(挺)을 가지고 탈출 인민군(人民軍)에 입대

㈕ 7월 12일 대정(大靜)에서 9연대 병졸 1명이 99식총 1정(挺)을 가지고 탈출

㈖ 7월 14일 9연대 병졸 2명 탈출. 이 중 1명은 산(山)까지 왔다가 비겁하여 도주

---

25) 투쟁보고서의 기록과는 달리, 제9연대 집단 탈영자는 41명이며 이 중 20명은 5월 22일에 검거되었습니다. 이때 회수한 총기는 99식 소총 19정과 실탄 3,500발이었습니다. 이를 토대로 계산하면, 검거되지 않은 나머지 21명이 소지했던 총기 32정과 실탄 10,500발은 남로당에 그대로 제공된 셈입니다. 그러나 투쟁보고서에는 이들이 유격대와 합류했을 당시, 99식 소총 21정과 실탄 2,100발만 남아 있었다고 기록하고 있어 두 기록 간에 차이가 있습니다.

㈎ 7월 18일[26] 6연대 이정우(李禎雨) 동무는 오전 3시 박진경(朴珍景) 11연대장을 암살한 후 M1소총 1정(挺)을 가지고 상산(上山) 인민군(人民軍)에 입대

㈏ 7월 24일 9연대 병졸 1명 99식총 1정(挺), 동 탄환 10발(發)을 가지고 탈출, 인민군(人民軍)에 편입

㈐ 7월 초순 M1 1정(挺)을 가지고 1명 탈출

계(計) 一. 탈출병수 52명, (피검된 22명과 도주한 1명 제외)

一. 무기

　총 = 99식총 56정(挺), 카-빙 3정(挺), M1 8정(挺)

　　합계(合計) 67정(挺)

一. 탄환만의 공급

　M1 1,443발(發), 카-빙총 탄환 2,415발(發)

　계(計) 3,858발(發)

一. 기타 무기

　조명탄통(照明彈筒) 1정(挺), 동 탄환 7발(發)

　신호탄통(信號彈筒) 5개

주(註). 전기 탈출병 52명 중 그 후의 국경(國警) 작전에 의하여 1명 피살, 3명 피검되고 현재 48명이 인민군(人民軍)에 편입되고 있음

---

26) 원저자 주 : 6월 18일을 7월 18일로 오기한 것이 아닌가 사료됨. 작전 면 제5차 작전 기록 참조

비밀회담 약속의 이행

투쟁보고서의 이 부분은 김달삼이 오일균, 문상길 등과 했던 비밀회담에서 합의한 것이 어떻게 실행되었는지를 보여주는 구체적인 자료입니다. 국방경비대와 해경 등으로부터 제공받은 무기와 탄약, 그리고 탈영하여 합류한 병력의 내역을 일자별로 상세히 기록하고 있습니다.

특히 5월 20일의 제9연대 병사 집단 탈영 사건에 대해서는, 문상길이 유격대에 보낸 연락 방법과 실제 탈영병들이 사용한 방법이 달라 합류 과정에서 차질이 생겼고, 이 때문에 많은 인원이 체포되는 원인이 되었다고 자체적으로 분석하기도 했습니다.

진압군이 제공한 무기와 병력

투쟁보고서에 기록된 내용을 종합하면 총 75명이 탈영을 감행했고, 이 중 체포되거나 도주한 인원을 제외하고 최종적으로 48명이 유격대에 편입되었습니다. 이들이 유격대에 제공한 무기는 총기 89정, 실탄은 17,868발에 달했습니다.

핵심 인물의 이적행위는 다음과 같습니다.

- **오일균 소령**: 카빈총 2정 카빈 실탄 2,400발, M1 소총 2정 M1 실탄 1,443발을 제공했습니다.
- **문상길 중위**: 99식 소총 4정을 제공했으며, 41명(투쟁보고서에는

43명)의 부하들을 무장시켜 집단 탈영하도록 지시했습니다.

- **고승옥 상사:** 자신을 포함한 7명이 카빈총 1정과 99식 소총 7정을 가지고 집단 탈영하여 유격대에 합류했습니다.
- **김익렬 중령:** 진압 작전의 총책임자였던 9연대장 김익렬마저 카빈 실탄 15발을 유격대에 제공한 사실이 기록되어 있습니다. 숫자의 많고 적음과 상관없이 경악할 일입니다.

내부의 적이 초래한 비극

이처럼 진압군 내부의 조직적인 이적행위는 4·3사건의 진압을 매우 어렵게 만들었고, 결국 9년 가까이 사태가 지속되며 수많은 인명 피해를 초래하는 결정적인 원인이 되었습니다. 외부의 적보다 내부의 적이 더 무섭다는 점을 항상 경계해야 합니다.

국경(國警)의 토벌 작전과 이로 인한 군의 피해

투쟁보고서의 마지막 부분으로, 1948년 5월 말부터 시작된 국방경비대의 대규모 토벌 작전과 그로 인해 유격대가 입은 피해를 상세히 기록하고 있습니다. 토벌대의 병력 증강 규모와 총 4차에 걸친 작전 계획을 볼 수 있어서 군 내부에 고위급 정보원이 계속해서 활동하고 있었음을 알 수 있습니다. 이어서 이 토벌 작전으로 인해 자신들이 입은 인적·물적 피해 내역을 항목별로 나열하며 보고서를 마무리합니다.

(5) 국경(國警)의 토벌 작전과 이로 인한 군(軍)의 피해

○ 국경(國警)의 토벌 작전
5·10 단선(單選) 직전 미군정과 통위부(統衛部)는 김익렬(金益烈) 제9연대장과 오일균(吳一均) 제5연대장을 육지부로 보낸 후 악질 반동 장교 박진경(朴珍景) 중령을 11연대장으로 임명, 병력을 2연대 500명, 3연대 300명, 4연대 200명, 9연대 800명, 5연대 1,500명, 6연대 500명 계(計) 3,800명을 증가, 이를 15개 중대로 편성하여 포위 토벌 작전을 개시

제1차 공격 - 5월 27, 8일 2일간 산록(山麓) 습격
제2차 공격 - 5월 30일부터 6월 2일까지의 4일간 제주도를 4개 지대(地帶)로 나누어 제1지대(地帶)는 한림면(翰林面) 금릉리(金陵里)로부터 출발 구좌면(舊左面) 종달리(終達里)에 도착, 2지대(地帶)는 한림면(翰林面) 음부동(音富洞)으로부터 출발 성산포에 도착, 제3지대(地帶)는 한림면(翰林面) 금악(今岳)을 출발 성산면(城山面) 온평리(溫平里)에 도착, 제4지대(地帶)는 대정(大靜)으로부터 온평리(溫平里)에 도착
제3차 공격 - 6월 3일부터 각 지구별(地區別)로 각 부락 주둔
제4차 공격 - 6월 13일부터 동 17일까지 5일간 한라산 백록담을 중심으로 포위 토벌 공격

○ 우리의 피해
⑫ 6월 29일 국경(國警)에게 서귀포(西歸浦) 주둔 부대 아지트를 포위 습격당했으나 군의 피해는 없음

① 5월 17일 광평리(廣坪里)에서 대원 1명 중상당하고 포로로 해서 그 후 경찰에 넘기기 때문에 학살당했음(연락원)

⑥ 5월 말경 대정(大靜) 아지트 부근에서 대원(연락원) 1명 학살

④ 5월 27일 대정(大靜) 주둔군 아지트 피해, M1총 1정(挺), 99식총 1정(挺), 군도(軍刀) 2본(本), 고무신 20족, 전화기 1개, 쌀 2입(叺), 천막 2개, 의류 20종을 압수당함

⑮ 7월 4일 대정(大靜) 아지트 부근에서 해경(海警) 탈출병 1명 피검. 국경(國警) 탈출병 1명 피검

⑧ 6월 13일 제주읍(濟州邑) 아지트 피습. 군도(軍刀) 5본(本) 철갑(鐵甲), 창(槍) 다수 압수당하고 그 후 국경(國警)은 계속 아지트에 주둔하여 탐사한 결과, M1 탄환 850발(發), 99식총 4정(挺)(사용 불가능), 지뢰 5개, 신호통(信號筒) 2개, 척탄통(擲彈筒) 탄환 18발(發)을 압수당함.

⑦ 6월 7일 도사령(島司令) 정보부원 1명 제1지대 경리책 1명 국경(國警) 탈출병 1명 계(計) 3명이 오등리(梧登里)에서 피검, 이 중 정보부원은 경찰에 넘어갔다가 후일 석방됨.

⑨ 6월 14일 도사(島司) 레포 2명이 월평리(月坪里) 위에서 피검되었다가 후일 석방

⑭ 7월 초순 제1지대 제1부대 연락원이 월평리(月坪里) 위에서 피검되었다가 후일 석방

③ 5월 24일 애월(涯月) 군(軍) 레포 2명이 두모(頭毛)에서 피검되었다가 후일 석방

⑩ 6월 17일 애월(涯月) 아지트 피습 피해 무

② 5월 21일 아부대원 2명이 국경(國警) 탈출병과 연락을 취하기 위해서 남원리(南元里)에 복병(伏兵) 중 경관차가 질주하여 오

는 것을 국경차(國警車)로 오인하고 손을 들고 차에 접근하여 본 즉 경관 차였고 피할 시간적 여유가 없음으로 할 수 없이 개에게 달려들어 개의 총을 빼었으나 결국 다른 개의 총에 학살당했음.

⑬ 7월 초일 국경(國警)에게 추격당하여 아부대원 5명이 신촌리(新村里)에 피해있든 바 개에게 습격당하여 4명 피검(그 중 2명 부상, 이 중 1명은 국경(國警) 탈출병). M1총 1정(挺), 동 탄환 8발(發), 의류품 약간을 개에게 압수당함

⑪ 6월 21일 대흘리(大屹里) 아지트를 국경(國警)에 포위 습격당하여 전원이 무사히 피하기는 했으나 비장했든 카-빙총 1정(挺), M1 탄환 35발(發), 카-빙 탄환 15발發)을 국경(國警)에게 압수당함.

⑤ 5월 27일 선흘리(善屹里)에서 국경(國警)에게 포위 당하여 지대(支隊) 간부 2명을 포로당하다(그 중 1명은 후일 석방되고 1명은 경찰에게 인계 당하다)

⑯ 6월 16일 월평리(月坪里) 위에서 지대원(支隊員) 2명이 피검되었다가 후일 석방되다.

⑰ 6월 18일 도사령부(島司令部) 간부 1명 조천면(朝天面) 선흘리(善屹里)에서 피검되었다가 후일 석방되다.

이 상

진압군의 대규모 토벌 작전

투쟁보고서에 따르면, 미군정과 통위부(국방부의 전신)는 5·10 선거 직후 강경 진압 방침을 세우고 지휘관을 교체했습니다. 김익렬 연대장을 전출시키고 박진경 중령을 제11연대장으로 임명했으며, 2연대 500명, 3연대 300명, 4연대 200명, 5연대 1,500명, 6연대 500명, 9연대 800명으로 총 3,800명의 병력을 증강하여 15개 중대로 편성한 후 대대적인 포위 토벌 작전을 개시했습니다. 김달삼이 이처럼 진압군의 지휘관 교체와 부대 개편, 정확한 증강 병력까지 파악하고 있었다는 것은 문상길 등 내부 프락치를 통해 군사 정보가 계속 유출되고 있었음을 보여줍니다.

보고서에 기록된 진압군의 토벌 작전은 총 4차에 걸쳐 진행되었습니다.

- 제1차 공격 (5월 27일~28일): 한라산 산기슭 일대를 수색 및 공격했습니다.
- 제2차 공격 (5월 30일~6월 2일): 제주도를 4개 구역으로 나누어 대대적인 수색 작전을 전개했습니다.
- 제3차 공격 (6월 3일 이후): 부대별로 주요 마을에 주둔하며 거점을 확보했습니다.
- 제4차 공격 (6월 13일~17일): 한라산 백록담을 중심으로 포위 토벌 공격을 감행했습니다.

유격대의 피해 상황

이러한 진압군의 토벌 작전으로 인해 유격대 또한 적지 않은 피해를 보았습니다. 보고서는 자신들의 피해 상황을 총 17건으로 나누어 기록했는데, 이를 종합하면 다음과 같습니다.

- **인적 피해:** 사망 4명, 부상 2명, 포로(석방자 제외) 6명
- **총기와 탄약 피해:** M1 소총 2정과 실탄 893발, 카빈총 1정과 실탄 15발, 99식 소총 5정, 지뢰 5발, 군도 7개 등 다수의 무기와 탄약을 압수당했습니다.
- **기타 물자 피해:** 고무신 20족, 전화기 1대, 쌀 2가마, 천막 2개, 의류 등 보급 물자에도 상당한 손실이 있었습니다.

스스로에게 자문해 봅니다. 지난날의 왕성했던 체력과 기억력은 다 어디로 갔는가. 세월이 저도 모르는 사이에 모두 가져가 버린 듯합니다. 본래 천학비재(淺學菲才)인데다 나이까지 더했으니 글이 제대로 될 리가 만무합니다. 그런데도 제가 펜을 들지 않을 수 없는 상황에 놓였습니다.

저는 4·3을 경험한 마지막 세대로서, 오늘날 진실은 역사의 뒤편으로 묻히고 거짓과 왜곡이 세상을 뒤덮고 있는 현실을 목도하고 있습니다. 이 상황을 그대로 방관한다면 후세들은 조작된 허위를 진실인 양 믿게 될 것이 자명하기에 깊은 두려움을 느낍니다. 그러므로 저희 세대는 세상을 떠나기 전에 바른 역사를 증언하고 기록해야 할 시대적 책무가 있다고 생각합니다.

4·3문제를 올바르게 해결하는 길에는 수많은 난관이 존재합니다. 가장 먼저 정치권의 문제입니다. 확고한 국가관이 모자란 채 이념적으로 크게 편향되어 있으며 오직 눈앞의 표심만을 좇는 듯합니다. 심지어 4·3을 폄훼하는 자를 징역형과 벌금형에 처할 수 있다는 법률안이 국회에 발의된 실정입니다. 이는 자유로운 학문적 토론을 원천적으로 봉쇄하려는 전체주의적 발상이자 반헌법적인 협박으로 들릴 뿐입니다. 1998년 김대중 전 대통령이 CNN과의 회견에서 4·3의 시작이 '공산주의자들의 폭동'이었다고 말한 것은 문제가 되지 않는데, 제가 폭동이라고 말하면 4·3을 폄훼한다며 극우로 몰아가는 것이 지금의 현실입니다.

이러한 세태는 학계, 언론계, 교육계, 문화계, 종교계, 관련 단체 등 사회 전반에서 비슷하게 나타나고 있습니다. 마치 대한민국은 태어나지 말았어야 했을 증오와 원한의 대상인 것처럼 언행을 일삼고 있습니다. 북한에서 비참한 최후를 맞은 박헌영 등 남로당의 최후, 현재 북한의 참혹한 현실, 그리고 3만 5천 명에 달하는 탈북민의 존재를 떠올리면 어찌 그럴 수 있을까 싶습니다. 이러한 거대한 흐름 속에서 '그것이 아니다'라고 외치는 목소리는 극소수에 불과하여 개미 소리처럼 미약하게 들릴 뿐입니다.

그럼에도 진실은 반드시 기록되어야 합니다. 라인홀드 니버 박사의 말처럼 '용기 없이 옳은 말을 할 수 있었던 시대는 없었기' 때문입니다. 변질된 본질은 규명하고 왜곡된 진상은 바로잡아야 합니다. 저는 역사가 반드시 제자리를 찾으리라 확신합니다.

저는 역사를 전공한 학자도 전문적인 작가도 아닙니다. 다만 사회 일각에서 4·3을 '민중항쟁'이라고 주장하는 논리에 대해 '그것은 아니다'라는 일념으로 공부해 왔고, 그 결과물로 몇 권의 책을 내기도 했습니다. 그때마다 제가 일관되게 주장하는 바는 다음과 같습니다.

제주4·3사건은 남로당이 대한민국의 건국을 저지하고 공산 통일을 이루기 위해 일으킨 폭동이자 반란이며, 만 9년간 지속된 이 사태를 평정하기 위한 교전과 진압 과정에서 수많은 무고한 도민이 희생된 비극적인 사건이라는 것입니다.

만약 4·3을 '민중항쟁'이라 주장하려면, 그들은 먼저 몇 가지 질문에 대해 대한민국 국민이 납득할 수 있도록 설명해야 합니다. 왜 살인, 방화,

약탈, 기관 공격 등의 주체가 대다수 도민이 아니라 소수 남로당 중심 세력인가, 왜 도민 다수가 위와 같은 폭력 행위에 동조하지 않았는가, 왜 민중항쟁이라면서 생활고나 부당함에 대한 저항보다 단정 반대, 대한민국 건국 저지 및 전복,[27] 공산주의 혁명에 집중적으로 더 열을 올렸는가. 그 진짜 이유를 먼저 밝혀야 합니다.

또한 4·3을 '통일운동'이라 주장하는 논리도 마찬가지입니다. 그것이 과연 어떤 통일을 위한 운동이었습니까? 통일이라는 목표가 평화와 번영 그 자체를 자동으로 보장하지는 않습니다. 4·3 당시에도 어떤 통일인지와 관계없이 무조건 통일이 옳다는 주장은 한반도 내부 사정이나 국제 정세를 무시한 관념적이고 비현실적인 접근이었습니다. 더구나 현재에 이르러 참혹한 북한의 현실을 보고도 어찌 그런 주장을 할 수 있단 말입니까?

이념으로 촉발된 사건을 이야기하는데 '케케묵은 이념 논쟁'이라 비판하는 것 또한 해괴한 논리일 뿐입니다.

혹자는 화해와 상생을 위해 과거를 들추지 말자고 합니다. 실로 통탄할 일입니다. 남로당이 저지른 인명 살상은 그 수가 적다할지라도, 그 잔인성은 형언할 수 없을 정도였습니다. 좌파 진영은 이러한 사실은 간과하고, 오로지 국가 공권력에 의한 양민 학살만을 부각하며 대한민국을 비난하고 있습니다. 이는 너무나도 일방적인 주장입니다. 영원하고 진정한 화해는, 어느 한쪽의 일방적인 주장이나 은폐가 아니라 서로가 잘못을 인정할 때 비로소 가능합니다.

---

27) 남로당제주도당은 대한민국 건국을 저지하기 위하여 폭동을 일으켰고, 건국 이후에도 대한민국을 상대로 선전포고를 하고, 6·25때는 인민군지원환영회를 조직해 한라산 빨치산과 합세하는 등 반란 행위를 8년 반 동안이나 계속했습니다.

4·3이라는 참극이 벌어진 지도 어느덧 77년이 지났습니다. 정부 차원의 사과와 보상이 이루어지고 있는 것은 다행스러운 일입니다. 이제 남은 과제는 사건의 또 다른 당사자인 남로당 측이 역사 앞에 책임을 지는 것입니다. 그들이야말로 4·3사건의 원인 제공자이자, 대한민국 건국을 저지하고 북한 정권 수립에 앞장선 역사적 책임자이며, 무장 폭력을 도발한 명백한 가해자입니다. 이 사실을 인정할 때 비로소 대한민국의 역사가 바로 세워지고 진정한 화해가 이루어질 것입니다.

이제는 4·3의 진상을 재정립하여 대한민국의 헌법적 가치와 국가 정체성을 확립해야 할 때가 되었습니다. 역사는 오직 사실에 근거하여 기록되어야 합니다. 이러한 신념으로, 저는 4·3의 주동자 김달삼이 직접 쓴 『제주도인민유격대 투쟁보고서』 해설서를 세상에 내놓습니다. 독자 여러분께서 이 책을 통해 4·3의 진상을 정확히 이해하시기를 바라며 학문적 질정을 겸허히 기다리겠습니다.

이 글을 대한민국의 건국과 호국에 헌신한 유공자들과, 4·3사건으로 무고하게 희생된 모든 영령 앞에 바칩니다.

[원문 1] 조직의 시발

- **유격대(遊擊隊)**: 적의 배후에서 기습, 교란, 파괴, 살상 활동을 하는 비정규부대. 러시아어 partizan에서 온 빨치산, 스페인어 guerrilla에서 온 게릴라와 같은 뜻입니다.

- **프락치**: 러시아어 fraktsiya에서 온 말로, 특수임무를 띠고 어떤 조직에 위장 침투해 몰래 활동하는 자, 끄나풀, 첩자를 의미합니다.

- **서청(西靑)**: 서북청년단의 준말입니다. 단체의 명칭인 '서북'은 평안도를 일컫는 관서(關西) 지방과 황해도를 일컫는 해서(海西) 지방에서 '서(西)'자를, 함경도를 일컫는 관북(關北) 지방에서 '북(北)'자를 따와 조합한 것입니다. 따라서 서북청년이란 북한 전체 출신의 청년을 의미한다고 볼 수 있습니다. 이들은 북한에서 토지나 기업을 몰수당했거나, 김일성 노선에 비협조적이거나 반대하다가 숙청 대상이 된 인물들로서, 공산 정권에 반대하여 월남한 반공 청년들이었습니다. 서북청년회는 1947년 11월 30일 서울 YMCA에서 결성되었으며, 그 직후 제주도에서도 장동춘을 위원장으로 하는 서북청년회 제주도단부가 결성되었습니다.

- **대청(大靑)**: 대동청년단의 준말입니다. 이 단체는 1946년 3월에 김충희를 위원장으로 하여 결성된 대한독립촉성청년연맹 제주도지회와, 1947년 2월에 김인선을 단장으로 하여 결성된 광복청년회 제주동지회가 1947년 10월에 통합하여 창설되었습니다.

- **UN조위(朝委)**: UN조선임시위원단의 준말로, 필자는 조선을 한국으로 바꿔 사용했습니다.

- **국경(國警)**: 국방경비대의 준말입니다.
- **거익(去益)**: 갈수록 점점 더.
- **간취(看取)**: 보아서 내용을 알아차림.
- **감찰청(監察廳)**: 제주경찰감찰청을 지칭합니다. 제주경찰감찰청은 1948년 11월 19일 제주도경찰국으로 개칭되었으며, 1991년 7월 1일 제주지방경찰청으로 다시 개편되어 오늘에 이르고 있습니다.
- **제1구서(第1區署)**: 제1구경찰서, 2007년 11월 30일, 제주경찰서가 제주동부경찰서와 제주서부경찰서로 분리되기 이전의 제주경찰서를 말합니다. 당시 감찰청과 제1구서는 제주읍 중심지인 관덕정 인근에 울타리 하나를 사이에 두고 서로 인접해 있었습니다.

[원문 2] 제1차 조직 정비

- **상산(上山)**: '산에 오르다'라는 뜻이지만, 제주도인민유격대에 합류한다는 의미로 사용했습니다. 당시 유격대가 한라산 밀림 지대에 근거지를 두고 있었기 때문에 이들을 '산사람' 또는 '산부대'라고 불렀으며, 이 때문에 남로당 유격대에 합류하는 행위를 상산 또는 입산(入山)이라고 칭했습니다.
- **세포(細胞)**: 공산당 비밀 조직의 기초 단위를 말하며, 러시아어로는 '야체이카(ячейка)'라고 합니다. 이는 각 지역, 기관, 단체, 직장 등에 5명에서 10명으로 구성되었으며, 책임자인 세포책을 두었습니다.
- **아부대(我부대)**: 우리 부대라는 뜻으로, 투쟁보고서에서는 남로당 제주도인민유격대를 지칭합니다.

[원문 3] 제2차 조직 정비

- **통위부(統衛部)**: 해방 후 미군정기에 국방과 경비를 전담하던 기관으로, 국방부의 전신입니다. 당시 국방경비대를 지휘했습니다.

[원문 13] 투쟁 면

- **개**: 경찰을 비하하여 부르던 말입니다. 착용한 제복의 색에 따라 경찰관을 '검은개', 국방경비대원을 '노랑개'라고 불렀습니다.
- **향보단(鄕保團)**: 1948년 5월 10일 실시되는 제헌국회의원 선거에 대한 남로당의 조직적인 반대 투쟁에 대비하여, 조병옥 경무부장의 건의와 미군정의 승인하에 1948년 4월 16일 조직되었습니다. 경찰 지서 단위로 18세에서 55세까지의 청장년으로 구성되었으며, 투표소 경비 임무에 투입되었습니다. 선거가 끝난 후 5월 22일 해산되었고, 이후 증가하는 치안 수요에 따라 8월에 민보단(民保團)으로 개편되어 마을 경비 등 경찰 보조 임무를 수행했습니다.
- **영림서원(營林署員)**: 산림청 소속으로 국유임야를 관리하고 경영하는 지방 관서의 공무원을 말합니다.
- **가라스**: 유리
- **퇴격(退擊)**: 적의 공격을 피하려고 물러나는 것을 의미합니다.
- **봉우(逢遇)**: 우연히 만나거나 마주치는 것을 뜻합니다.
- **농교(農校)**: 제주농업학교를 말합니다.
- **맹체파괴(盟體破壞)**: 보고서에 "수류탄을 투척하여 맹체파괴를 방지했다."라고 기록된 문맥으로 보아 남로당의 비밀 조직(盟體)이 발각될 위험에 처하자, 수류탄 투척 등 다른 곳으로 관심을 돌려 조직의 파괴를 막고 보호하려 했던 일종의 교란 전술로 보입니다.

- **아지트**: 러시아어 agitpunkt에서 온 말로, 여기서는 남로당의 비밀 거점, 본부, 비밀 요원의 접선이나 은신 장소를 의미합니다.
- **인항가(人抗歌)**: 인민항쟁가의 준말입니다. 가사는,

1절-원수와 더불어 싸워서 죽은 / 우리의 죽음을 슬퍼말아라 /
　　기빨을 덮어다오 우리의 기빨을 / 그 밑에서 전사하리라 맹세한 기빨
2절-더운피 흘리며 말하는 동무 / 쟁쟁히 가슴속 울려온다 /
　　동무야 잘가거라 원한의 길을 / 복수의 끓는 피 용솟음친다.

- **적기가(赤旗歌)**: 북한의 혁명가.

전체　　3절 중 제1절 가사
　　　　민중의 기 붉은 기는 전사의 시체를 싼다
　　　　시체가 식어 굳기 전에 혈조(血潮)는 깃발을 물들인다
후렴　　높이 들어라 붉은 깃발을 그 밑에서 굳게 맹세해
　　　　비겁한 자여 갈라면 가라 우리들은 붉은 기를 지키리라

제주도에서 불린 또 다른 적기가 가사도 있습니다.

날아가는 까마귀야 시체보고 울지 마라
몸은 비록 죽었으나 혁명정신 살아있다
아세아 깊은 밤에 동이 텄다 백두산 산상봉에 봉화 들렸다
거룩하다 백의민족 울부짖었구나 자유 그것이 아니면 죽음을 달라
무궁화 핀 삼천리 화려한 강산 민족은 영원히 변치 않는다.
창에 찔리면서 부르짖었다 쇠사슬에 엉키운 체 고함을 쳤다
정의의 큰 길 위에 우뚝이 서서 붉은 피를 뿜으며 꺼꾸러졌다
찬란 호화스럽다 3·1운동 우리는 싸웠도다 맨주먹으로
민중의 기 붉은 깃발은 전사의 시체를 감싸노라
높이 들어라 붉은 깃발을 그 밑에서 전사하리라

- **독촉(獨促)**: 대한독립촉성국민회(大韓獨立促成國民會)를 말합니다. 이 단체는 1946년 2월 8일, 이승만의 독립촉성중앙협의회와 김구의 신탁통치반대국민총동원위원회가 통합하여 결성되었습니다.
- **푸로파카―트**: '프로파간다(propaganda, 선전·선동)'를 의미하지만, 보고서의 문맥으로 보면 비밀이 누설된 것을 뜻합니다.
- **토치카(tochka)**: 러시아어. 콘크리트나 흙주머니 등으로 단단하게 쌓은 사격 진지를 말합니다.
- **협격(狹擊)**: 지대가 좁은 지역에서 공격하는 것을 의미합니다.
- **식량영단(食糧營團)**: 해방 이후 식량이 부족하던 시기에 식량을 확보하고 분배하는 기능을 수행하던 기관입니다.
- **식부(食釜)**: 밥을 짓는 솥을 말하며, 큰 것은 가마라고 부릅니다.
- **속고(粟藁)**: 조의 이삭을 떨어내고 남은 짚을 의미합니다.

[원문 16] 4·3투쟁 그 후 국경(國警)과의 연결

- **사보타주(savotage)**: 프랑스어. 태업(怠業). 여기서는 토벌 작전을 적극적으로 하지 않고 소극적으로 하는 척만 하는 것을 의미합니다.

[원문 18] 국경(國警)으로부터 토벌 작전과 이로 인한 군의 피해

- **도사(島司)**: 남로당제주도사령부를 의미합니다.
- **레포**: 공산혁명가 중 비밀통신연락원을 말하는 것으로, 러시아어 라포르트(Paпopt)에서 유래된 말입니다.

(1948년 8월 25일)

대표자 여러분!

저는 박헌영 선생의 하신 선거에 대한 보고를 듣고 감격하였으며 특히 제주도 투쟁에 언급하실 때 지금까지 적과 가렬한 피투성이 투쟁을 하든 저로써는 생생한 기억이 머리 위에 떠올르는 것을 금치 못했습니다.

저는 박 선생의 보고를 전면적으로 지지함과 동시에 제주도 안에서는 그동안 어떻게 싸웠으며 이번 민주주의인민공화국 최고인민회의 대의원 선거투쟁을 어떻게 하였는가 하는 구체적 사실을 잠깐 말씀해 드리고저 합니다.

제주도에 있어서의 조국의 통일 자유 독립을 위한 인민들의 무장항쟁은 여러분이 아시다시피 지금은 더욱 치열하게 승리적으로 발전되고 있습니다. 그러면 제주도에 있어서는 전체 인민들이 이렇게 일어나지 않으면 안되었는가 하는 그 구체적 원인부터 저는 잠간 말씀드리랴고 합니다.

미제국주의는 우리 제주도에서도 남조선 다른 지역에서와 똑같이 친일파, 민족반역자, 반동파 친미분자 등 매국도배들에 의거하야 가진 란폭한 분활식민지 침략정책을 강행하고 있습니다. 민주주의 애국자들과 무고한 일반 인민들은 까닭없이 불법체포. 고문. 투옥당하였습니다. 일반농민과 어민들은 강제공출과 혹독한 착취에 신음하고 있으며 일반 인민들은 무권리와 가렴주구에 신음하고 있습니다. 더욱히 남조선 근로 인민의 유

---

28) NARA, RG242, 북한 노획문서. 연설문 원문을 그대로 옮겼기 때문에 맞춤법이 틀리거나 사투리가 있습니다. 국방부 군사편찬연구소. 『제주4·3사건의 실체』. 2002. 103~111쪽,

일한 전투적 전위대-남조선 로동당을 비롯한 민전 산하의 민주주의적 애국단체들은 가장 잔악한 탄압의 대상이 되었습니다. 그렇기 때문에 제주도 인민들은 이에 단호히 반대하야 결정적으로 투쟁을 전개하였습니다.

작년 3·10투쟁에 있어서도 어린 국민학교 아동들로부터 미군정 관리에 이르기까지 제주도 전체 인민들이 파업과 맹휴와 대중적 시위로써 미제국주의 식민지화정책에 대하야 단호한 반항을 행하였습니다.

이 3·10파업투쟁을 계기로 하여 반동은 더욱 폭압과 테러를 강화하여 제주도는 조병옥 친위대들의 가장 야수적인 포위 인민토벌장으로 변하였습니다. 이때부터 금년 4월 3일 즉 인민 무장항쟁이 시작되던 그날까지 제주도에서는 일제의 인민들의 합법성이 모조리 박탈당하고 적(敵)은 경관의 대량증원, 서청테러단의 륙지로부터의 이입, 모든 관청, 학교 직장에 있어서 일체의 요직을 모조리 륙지 서북출신 악질반동으로써 독점하는 등 단말마적 압박정책을 실시하였습니다.

그러나 인민은 눌리면 눌릴수록 더욱 단결하며 더욱 강한 힘으로써 반항하고야마는 것입니다. 드디어 제주도 인민들은 지난 2월 7일을 기하여 남조선 전 지역에 걸쳐서 쏘·미양군의 즉시 동시 철퇴, 유엔위원단의 퇴거, 단선 반대 등 투쟁에서 제주도 4만 농민들은 시위로써 인민 항쟁의 막을 열어 놓았습니다.

이 같은 제주도 인민의 정당하고도 평화적인 항거에 놀래인 미제국주의자 그 주구-반동경찰은 그 탄압 정책을 더욱 잔인한 학살 정책으로 강화시켰습니다.

남로당을 비롯한 민전 산하의 민주주의적 애국단체에 대한 폭압은 더욱 악날화해졌으며 민주주의 애국자와 일반 인민들에 대한 살인 방화 강도 파괴는 공공연히 자행되었습니다. 놈들의 비인간적 만행과 폭압이 얼마나 잔인무도하였는가는 다음과 같은 실례들이 충분히 말하여 줍니다.

3월 4일 조천면에 사는 김용철이라는 22세밖에 안된 중학생을 잡어다가 반동살인 경찰은 빨갱이라고 서내에서 구타 고문한 후 화침질을 하여 공공연히 학살하고 말었습니다. 그러나 김용철 동무는 최후의 순간까지 「박헌영 선생 절대 지지」와 「인민공화국 사수」를 웨치면서 그놈들에게 항거하였든 것입니다. 사건은 이것만이 아닙니다.

연다러 3월 14일 대정면에서 양은하라는 27세 된 농민을 잡어다가 전신의 뼈를 하나 남김없이 산산히 부시어 죽여버렸으며 18일에는 제주읍 도두리에 사는 박모라는 한 농민을 잡어다가 고문하여 빈사지경에 이르게 한 후 죽기 직전에 가족을 불려다가 살아있을 때 석방했다는 증명을 그 가족으로부터 받은 일이 있었는데 결국 그 농민은 그 경찰서 문을 나와 5분만에 죽어버렸던 것입니다.

20일에는 애월면에서 송원하라는 지서장 놈이 애월리 거주 농촌 부인에게 폭행을 한 후 산에 데리고 가서 일본도로 란자하여 24개소의 상처를 입힌 일이 있고, 조천면 선흘리에서는 빨갱이 근거지라는 구실로 가옥 5호에 방화하고 가축 20두 이상을 총살하였으며 심지어는 삼림에까지 방화한 사실이 있습니다.

이와 같은 것은 사실의 특정적인 것을 몇 가지 예를 들어 말한 것에 불과한 것이며 그 당시의 제주도 정세는 「생지옥」이라는 한마디로써 충분히 표현할 수 있는 것입니다.

이와 같은 미제국주의의 직접 지휘로 이루어진 전대미문의 야만적 테러와 학살 그리고 파괴 약탈 속에서 신음하여 오는 제주도 인민들에게 미국인들과 그 주구들이 조국의 분활을 공고화하고 남조선을 완전히 미국의 식민지로 만들려는 단독 선거 실시가 발표되자 인민들의 적에 대한 분노와 증오가 어찌 폭발되지 않겠습니까? 이에 조국의 통일과 독립을 위하여 단호히 일어서라고 부르짖으면서 제주도 인민들은 자연발생적으로 총궐기하였습니다. 이것이 제주도 4·3인민항쟁이 일어나지 않을 수 없었던 원인이며 이것이 제주도 인민군 즉 「산사람」들이 생기게 된 원인인 것입니다.

드디어 4월 3일 오전 2시를 기하여 인민군 즉 「산사람」들은 총궐기했습니다. 이날 인민의 일부이며 반동의 거점인 지서 20개소를 일제히 습격하여 악질경관 10명과 11명의 테러단 서청원 그리고 악질 반동 10명이 인민군의 애국정신에 불타는 정의의 총칼 앞에 제거되었으며 그 외 경관 3명, 반동 5명이 부상되었으며 1개지서는 완전히 소각되고 1개 지서는 반정도 소각되고 인민군은 미국 카빙총 기타 다수의 물품을 로획했습니다.

이러하여 그 빛나는 인민 항쟁의 막을 연 제주도 무장반격투쟁은 그 후 계속발전 강화되어 오늘날에 이르기까지 적에 대하여 결정적인 치명상을 주었으니 이는 다음의 숫자적 종합성과에 여실히 표현되어 있는 것입니다.

- 전투 : 지서 습격 회수 31회, 야외접전 회수 15회 이상, 계 45회 이상
- 숙청:경관 100명 이상, 한민. 독촉. 서청. 대청 기타 반동 400명 이상 계 500명 이상
- 부상 : 경관 30명 이상, 반동 40명 이상, 계 70명 이상
- 지서 소각 : 5개 반
- 투항 : 경관 5명, 반동 2,000명 이상
- 포로 : 30명 이상
- 피검자 탈환 : 80명 이상
- 전선절단 : 893개소
- 도로 파괴 : 79개소
- 로획 : 소총. 탄환. 쌀. 의복. 철갑. 군도. 창 등 다수입니다.

그러면 다음 중요한 전투 몇 개를 말씀해 드려 인민 항쟁의 편모를 소개해 드릴려고 합니다.

4월 15일 애월면 광령 부락 뒷산에서 우리 소수 정예는 적 기동대 35명과 1킬로에 걸쳐 약 한 시간 동안 산악전이 전개되었는데, 이 싸움에서 적은 3명의 희생을 낸체 사체 1개를 유기하고 도주하여 버렸으며 가장 통

쾌한 사실은 먼저 말씀드린 3월 4일 조천지서에서 애국 학생 김용철 동무를 고문 치사시킨 서북출신 악질순경 한 놈이 이 세 놈 가운데 끼여 죽었다는 것입니다. 김 동무의 원수는 우리 인민군의 손으로 가폈습니다.

5월 13일 조천면 함덕지서를 습격하여 마침내 지서를 지키고 있든 경관 6명을 숙청하고 피검자 30여 명을 탈환함과 동시에 지서를 완전히 소각해 버렸습니다. 이에 기뻐한 인민대중들은 인민의 원수 악질경관의 사체를 끌면서 일대 군중대모를 전개하였습니다.

5월 14일에는 한림면 저지지서를 습격하였는데 적 10여 명은 2명의 사체를 유기한 체 도주하여 버렸으며 피검자 30여 명을 탈환한 후 지서를 완전히 소각하고 그 직후 이에 호응하는 부락민과 합류하여 굉장한 무장시위를 단행했습니다.

여기서 하나 특기할 것은 지난 5월 7일 애월면 장전과 수산 사이 송림에서 소위 "토벌대"란 이름으로 특파되어온 조병옥의 친위대이며 경찰전문학교 학생 100명 중 60명이 첫 행동을 개시한 것을 탐지한 우리 소수 정예는 이를 포착하여 이와 다섯 시간 이상 가렬한 전투 끝에 적은 대장 이하 22명 이상의 사상자를 내고 도주하여 버렸습니다. 그 후 그들은 「도저히 전투를 못하겠으니 서울로 돌려보내 달라」고 3일간 맹휴 끝에 나머지 38명만 공포에 떨면서 제주도를 떠난 사실이 있습니다.

5월 20일에 국방경비대 제9연대 대원 43명이 반기를 들고 연대를 탈출하여 대정지서를 습격하여 반항하는 악질 경관 6명을 숙청하고 지서를 소각한 후 산으로 올라가 인민군과 합류한 사건도 있었습니다.

5월 24일엔 안덕지서를 급습하여 경관 25명과 접전 끝에 그들에게 사망자만 6명을 내게 하는 타격을 주었습니다.

5월 26일에는 대정면 신평리 가두에서 적 기동대 60명이 추력 3대에 타고 가는 것을 소수 부대로써 우리는 포위 습격한 결과 적은 희생자 14명의 시체와 모자 탄환 등 다수를 유기한 채 도주하여 버린 일도 있었습니다.

그러면 이러한 치열한 인민 항쟁 속에서 전위부대들의 자기희생적 투쟁의 몇 가지를 말씀드려 그 편모를 소개해 드릴려고 합니다.

4월 3일 투쟁에 있어 한림면 여관에 서청 테러단원 7명이 숙박하고 있는 것을 한 청년이 단신 군도(軍刀) 하나를 가지고 맹습하여 15분 이내에 전원을 숙청한 다음 유유히 도라온 일이 있습니다.

4월 14일 제주읍 화북리에서는 우리 동무 6명이 경관 대청 합해서 25명에게 포위당하여 전멸의 위기에 빠졌을 때 한 청년은 가졌든 권총 하나로써 이와 항전하여 적을 격퇴한 후 전원 무사히 탈출하여 나온 사건도 있습니다.

4월 18일 애월면 애월리에서 청년 2명이 권총 하나를 갖이고 가로에서 달려드는 경관 4명과 대전하여 그중 2명을 숙청한 후 무사히 돌아온 일도 있습니다.

5월 10일에는 단신으로 삼엄한 경계망을 돌파하여 투표 장소인 제주읍 사무소에 수류탄 2발을 던지어 결국 그 투표 장소로 하여금 일대 혼란을 일으켜 투표를 불가능하게 한 후 무사히 탈출하여 돌아온 청년도 있습니다.

그러나 이러한 치열한 투쟁 속에서 물론 우리도 극히 소수이기는 하나 귀중한 희생을 내지 않을 수 없었습니다. 리종유. 강대옥. 김봉히 등의 동무들이 일선에서 적의 흉탄에 쓰러졌는데 그 동무들이 이 세상을 떠나면서 우리에게 부탁한 말은 무엇이겠습니까? 「뒷일을 부탁한다. 동무들을 믿고 나는 안심해서 죽는다. 인민공화국 만세!」 모다가 이렇게 해서 죽었습니다. 그 얼마나 비장한 일이 아니겠습니까?

이와 같이 우리들은 동지들의 시체를 넘으면서도 죽엄을 두려워하지 않고 오직 조국통일 독립과 민족해방을 위하여 싸워왔으며 또 싸우고 있습니다. 그리하야 우리들은 항상 그 수에 있어서도 압도적 다수일 뿐만 아니라 그 장비에 있어서도 머리에서 발끝가지 미국의 최신식 정예 무기로써 무장한 저 반동 살인대와 항전하야 언제든지 그들에게 결정적 타격을 주어 패주케 하였습니다.

산사람들을 호응 지지하는 인민들의 자위 투쟁도 실로 굉장한 것입니다. 그중 몇 가지 말씀드리면 자기 아들을 반동 경관에게 잃은 70세 넘은 노인은 자기 자식의 원수를 갚는다고 자기 메누리와 같이 인민군의 행군에 종군하여 일선에서 싸운 일도 있습니다.

소년 소녀들은 담배를 말아서 인민군에 보급하며 또 수기 신호를 해서 적의 부락침입을 미연에 발견 방지하며 또 전투가 끝난 뒤에 곳 달려가서 적의 유기품을 주어서 그를 산에 보내는 등 또 위문문을 써서 산으로 보내여 인민군의 사기를 일층 더 앙양시키는 등 그야말로 눈부신 활동을 하고 있습니다.

부인들은 자진하여 혹은 산에 가서 인민군의 밥을 지어주며 옷을 지여주며 빨래를 해주는 등 부락에 있으면서 쌀 부식물 신발 등을 산으로 보내여 주며 특히 녀맹에서 산으로 보내는 위문문과 위문품은 산사람들의 유일의 오락으로 되었습니다.

청년들은 모두가 자위대로써 부락의 자위에 당했는데 4월 16일부터 18일까지의 3일간 제주읍 이호리에서는 부락민과 적 기동대 25명이 연속적으로 대전하여 공수공권으로 이를 완전히 격퇴시킨 가장 영웅적 부락자위대 활동도 있었든 것입니다. 더욱히 4·3투쟁이 터지자 대중들은 누구의 지도도 없이 자기들의 창발력을 발휘하여 전도적 일대 시위를 단행하였으며 자기들의 원수인 반동분자들의 가옥을 군중적으로 습격했습니다.

이상과 같이 전 제주도 인민들의 적극적지지 참가로써 전개된 제주도 투쟁은 드디어 5월 10일 남조선 단독선거를 완전히 실패케 하는 가장 중요한 역할을 하였습니다.

북제주에서는 소위 선거가 완전히 실시되지 못하고 남제주에서도 유권자의 불과 몇 퍼센트만이 강제로 참가하고 절대다수가 보이코드를 행하였든 것입니다.

제2차 남북제정당·사회단체지도자협의회의에서 결정한 남북통일 선거로서 통일적 립법기관을 창설하고 통일적 중앙정부를 수립하자는 활동이 전개되자 전도 주민들의 지지가 거대하게 폭발된 것이 가장 필연적인 것은 누구에게나 의심할 여지가 없는 것입니다. 단선을 반대하는 투쟁에서 빛나는 성과를 거둔 제주도 인민들은 이번 최고인민회의 선거 지지 투쟁에도 가장 빛나는 성과를 거두는 것은 조금도 괴이할 것이 없습니다.

륙지에서는 통일선거 실시가 7월 15일부터 실시되었지만은 제주도에서는 이 지시가 7월 20일이 지내어 도착되었습니다.

그러나 통일선거는 7월 말까지 벌써 유권자의 80퍼센트에 가까웠을 것을 저는 여러분에 보고할 수 있을 것을 확신합니다.

대표자 여러분!

이와 같이 우리 제주도 전체 인민들은 용감하게 투쟁하고 있습니다.

우리 제주도 인민들은 미제국주의와 미군 직접 지휘 하에 있는 압도적 다수의 반동 경찰 살인 테러단 국방경비대의 필사적 공격에도 불구하고 이것을 결정적으로 분쇄하면서 더욱 승리적으로 투쟁을 발전 강화시키고 있습니다. 그러면 무엇이 우리들로 하여금 이러한 승리를 갖어오게 한 것이겠습니까?

그것은 첫째로는 이미 위에서도 말씀드린 바와 같이 30만 제주도 전체 인민들이 불타는 조국애로써 강철같이 단결하여 미제국주의와 그 주구 매국노 리승만 김성수 리범석 도배들의 남조선 분활 식민지 침략 정책을 단호히 반대하고 조국의 통일과 독립을 쟁취하기 위하여 죽엄을 두려워하지 않고 용감히 싸우고 있는 까닭입니다. 특히 인민군 즉 산사람들이 일반 인민대중의 적극적 지지에 의하야 고무되고 격려되고 있는 까닭입니다. 만약 부모 형제들이 적의 포위를 뚫고 정보 식량 등을 적극적으로 공급치 아니하였다면, 만약 적수공권으로 무장한 반동경찰을 격퇴하는 인민들의 자위적 원조가 없었다면 산사람들의 투쟁이 오늘같이 발전치 못하였을 것입니다. 인민과의 연계! 인민의 지지! 이것이야말로 우리들의 승리에 가장 중요한 요인입니다.

둘째로 이번 제주도 무장구국항쟁은 고립된 투쟁이 아니라 전체 조선 인민들 특히 남조선 전체 인민들의 위대한 구국투쟁의 일환인 까닭입니다. 남조선 인민들의 광범한 전국적 투쟁을 전개하고 있는 환경은 적으로 하여금 우리 제주도 무장투쟁을 적극적으로 공격할 수 없게 하는 것임을 우리들은 잘 알고 있습니다. 전체 조선인민들의 노도 같은 투쟁-이것이 우리에게 빛나는 성과를 얻게 한 기본원인의 하나입니다.

이번 제주도 인민들의 거대한 구국투쟁에서 우리들의 조국의 통일과 독립을 위하여 싸우는 위대한 인민의 단결된 힘 앞에는 미제국주의와 그 주구 매국도배들이 아모리 필사적으로 발악하드라도 그들의 분활 식민지 화의 흉모는 반드시 실패할 것이며 인민들은 반드시 최후의 승리를 얻고 야 말 것을 더욱 확신하게 되었습니다. 그러므로 제주도 전체 인민들은 승리에의 희망과 확신을 굳게 하여 더욱 용감히 더욱 줄기차게 죽엄과 희생을 두려워하지 않고 최후의 승리가 올때까지 조국이 완전통일 민주 독립을 쟁취할 때까지 싸울 것을 굳게 맹세하고 있습니다.

대표자 여러분!

이제 우리는 남조선 인민의 절대다수의 투표로서 선거되여 통일입법 기관을 선거하고 우리의 손으로 통일 중앙정부를 수립하게 되었습니다.

이것은 과연 위대한 승리입니다. 제주도 인민들이 전 남조선 형제들과 함께 흘린 피는 이제 헛되지 않게 되었습니다.

적선(敵線)에 쓰러진 우리의 동지들의 유지는 그 성공의 앞길이 광범하게 열리었습니다.

인민의 원수 매국노 리승만 김성수 리범석 도배들이 인민의 재판에서 엄중한 판결을 받을 날이 가까워 왔습니다.

여러분!

조선 최고인민회의 남조선 대의원 선거를 성공적으로 완수합시다.

조선 최고인민회의와 통일중앙정부의 깃발 밑으로 북조선 형제들과 공고한 단결로서 통일과 독립을 위하야 끝까지 매진합시다.

우리 조국의 통일과 독립 국가 건설의 물질적 토대를 이루는 북조선 민주개혁을 남조선에서 하로 속히 실시하도록 우리는 용감히 싸웁시다.

1. 민주조선 완전자주독립 만세!

1. 우리 조국의 해방군인 위대한 쏘련군과 그의 천재적 령도자 쓰딸린 대원수 만세!

　　김달삼의 본명은 이승진(李承晉)이며, 일본명 미후라 소깽(三浦召權),
가명 이상길 등을 사용했습니다. 그는 남제주군 대정면 영락리에서 이평
근의 차남으로 태어나 유년 시절 부모를 따라 대구로 이주하여 심상소학
교를 졸업했습니다. 이후 중학교에 진학했으나 부친을 따라 일본으로 건
너가 교토(京都) 성봉(聖峰)중학교를 거쳐 도쿄 쥬오(中央)대학에서 1년간
수학했습니다.

　　그는 남로당 중앙당 중앙위원이자 선전부장을 지낸 강문석의 딸 강영
애와 혼인했으며, 장인의 가명인 '김달삼'을 이어받아 사용했습니다.

　　1946년 10월 대구폭동 당시, 그는 의과대학생들이 자연사한 시신을
경찰이 사살한 것처럼 선동하여 거리 시위를 벌인 '대구대학교 시체사건'
에 깊숙이 개입했습니다. 조선공산당경북도당대구시당 서부지역 당세포
조직 책임자로 활동하던 그는 연말경 고향인 제주로 돌아와 남로당 대정
면 조직부장 겸 대정중학교 사회과 교사로 재임했습니다. 교사로 재직하
면서 그는 변증법적 유물론, 유물사관 등 이념 교육에 열중했습니다.

　　이후 남로당제주도당책과 군사부 책임자로서 4·3사건을 주도했으며,
1948년 8월 2일에는 지하 선거 투표지 52,350장을 가지고 제주를 탈출
했습니다. 그는 목포를 거쳐 황해도 해주에서 열린 남조선인민대표자대회
(해주대회)에 참석했습니다. 해주대회 첫날인 8월 21일, 23세의 김달삼은
허헌·박헌영 등 좌파 거물들과 나란히 35인의 주석단 일원으로 선출되었

습니다. 25일에는 소위 '김달삼 해주연설'을 통해 "우리 조국의 해방군인 위대한 쏘련군과 그의 천재적 령도자 쓰딸린 대원수 만세"를 외쳐 열렬한 박수를 받았습니다. 이 대회에서 그는 제1기 최고인민회의 대의원(우리의 국회의원)과 북한 헌법위원회 위원으로 선출되었으며, 국기훈장 2급을 받는 등 북한의 영웅이 되었습니다.

1949년 8월, 그는 제3병단 단장으로서 강동정치학원 졸업생 300여 명을 이끌고 남파되어 대한민국 전복을 위한 빨치산 활동을 전개했으며, 1950년 4월 3일 월북했습니다. 한국전쟁 발발 후 다시 남하하여 활동하던 중 국군에 의해 사살되었습니다.

북한 평양 신미동 애국열사묘역에는 그의 가묘가 조성되어 있습니다. 묘비에는 '김달삼 동지 / 남조선 혁명가 / 1926년 5월 10일생 / 1950년 9월 30일 전사'라고 새겨져 있습니다. 그가 대정초급중학교 교사로 취직하면서 낸 이력서에는 1925년생이고 1946년 10월 20일 임명되었다는 기록도 있어 출생 연도가 1924, 25, 26년 등 3개나 됩니다. 만약 묘비의 기록이 사실이라면, 그는 만 22세의 나이에 남로당 인민해방군 사령관, 북한 최고인민회의 대의원 및 헌법위원 등 핵심 요직에 올랐던 셈입니다.

그의 사망 경위에 대해서도 의문이 남아있습니다. 대한민국 전사(戰史) 기록에 따르면 그는 1950년 3월 20일, 강원도 정선군 반론산 부근에서 국군 제8사단 21연대 7중대에 의해 사살된 것으로 되어 있습니다. 당시 그의 시신은 반론산 동북쪽 여량면 봉정리 송지골에서 발견되었으며, 현지 주민들은 그 장소를 '김달삼 모가지 잘린 골'이라 부른다고 전해집니다.

그러나 러시아 문헌에 따르면 '김책(金策)'이 4월 3일 남조선 빨치산 지도자 김달삼이 남조선에서 평양에 왔다고 전했다. 김달삼은 남조선 신문과 방송에서 토벌대와 전투에서 살해당했다고 공식 보도한 인물이다. 김달삼은 남조선에서 빨치산운동 상황을 보고하고 또 지시를 받으려고 평양에 왔다고 한다.'[29]라는 기록이 있습니다. 그리고 그의 사망 일자도 평양에 있는 비문과 우리의 전사(戰史)가 다릅니다.

그가 일본 후쿠지야마(福智山)예비사관학교 출신이라는 설과 이를 부정하는 설도 있습니다. 아무튼 김달삼은 통일 이후에나 밝혀질까, 지금은 안개 속 인물 같습니다.

이 제주도인민유격대 투쟁보고서는 김달삼이 1948년 7월 하순에, 남제주군 대정면 하모리 오대진(건국준비위원회제주도위원장, 인민위원회제주도위원장)과 이운방(남로당대정면위원회위원장, 농민위원회대정면위원장)의 집 사이에 있는 이공우의 집에 머물면서 황해도 해주에서 개최되는 남조선인민대표자대회에 보고할 목적으로 쓴 것입니다.

---

29) 박종효,『러시아연방 외무성 대한(對韓) 정책자료 I 』. 선인, 2010. 398쪽

이덕구[李德九, 1920~1949]

이덕구는 북제주군 조천면 신촌리에서 이근훈의 3남으로 출생했습니다. 그는 오사카 일신(日新)상업학교를 거쳐 리쯔메이칸(立命館)대학 경제학과 4학년에 재학하던 중 학병으로 입대했습니다. 관동군 소좌(소위에 해당)로 복무하다가 대좌(대위에 해당)로 제대한 것으로 알려져 있습니다.

해방 후에는 서울에서 활동했으며, 친형 이좌구의 요청으로 귀향하여 조천면 민주청년동맹 책임자와 조천중학원 역사·체육교사로 근무했습니다. 4·3사건이 발발하자 그는 제1연대 3·1지대장으로 입산하여 활동했으며, 김달삼이 월북한 후에는 그의 뒤를 이어 제2대 제주도인민유격대(인민해방군) 사령관이 되었습니다.

여수·순천10·19사건(14연대 반란사건, 여순반란사건)에 고무된 그는 10월 24일, 남로당 제주도당 구국투쟁위원회를 소련식 혁명투쟁위원회로 개편하고 각 부대마다 정치위원을 배치한 뒤 대한민국을 상대로 선전포고 했습니다. 패색이 짙어지자 지리산 빨치산과 합류를 기도하던 중, 1949년 6월 7일 경찰 토벌대에 의해 사살되었습니다.

북한에 한 번도 가본 적이 없는 이덕구에게 북한 정권은 국기훈장 3급과 1990년에 제정된 조국통일상을 추서했으며, 평양 신미동 애국열사묘역에 묘비를 세워 추모하고 있습니다. 조국통일상 추서식에는 북한에 거주 중인 그의 조카(친형 이좌구의 둘째 아들) 이용우 등 9명이 참석했다고 전해집니다.

1921년 경남 하동군 금남면에서 출생

1936년 4월~1940년 3월 일본 고오배(神戶)상고 졸업

1946년 1월 군사영어학교 졸업, 소위 임관

1947년 9월 제주 제9연대 부연대장(소령)으로 부임

1948년 2월 중령으로 승진 제9연대 연대장

1948년 4월 중순 무렵 카빈 실탄 15발 남로당인민유격대에 제공

1948년 4월 하순 상부의 허가 없이 오일균과 같이 김달삼과 비밀회담(제1차 회담)

1948년 4월 17일 미군정으로부터 토벌 명령 받음

1948년 4월 22일 9연대가 최초 토벌 작전에 참여

1948년 4월 30일 딘 장군의 지시에 따라 김달삼과 제2차 회담(귀순권고회담)

1948년 5월 5일 제9연대장 해임, 곧 여수 제14연대장으로 발령

1948년 6월 박진경 연대장 암살 사건 배후 혐의로 미 CIC 조사 받음

1948년 8월 온양 제13연대장 발령

1950년 6월 문산 제13연대장으로 6·25 참전, 북진 작전 참가

　　　　　그 후 8·7사단장, 제1관구 사령관, 1·2군단장, 육군전투병과교육 사령관

1967년 5월 국방대학원장

1969년 1월 육군 중장 예편

1977년 3월 회고록 집필 중임을 제주 제남일보 편집국장에게 서한 발송

　　　　　('4·3의 진실' 제목의 소위 김익렬 유고문)

1988년 12월 별세

1994년 3월 제민일보4·3취재반, 『4·3은 말한다』제2권, (전예원)에서 유고문 공개

김익렬 장군에 대한 일화

"김익렬 연대장은 '대포'로도 유명하다. 김 연대장이 뒷날 동해안 사단장으로 재직할 때 국정감사를 받게 되었다. 당시 국회의장 신익희 의원이 '사단에 부식은 충분한가?'라고 물었다. 김익렬 사단장은, '우리 사단은 아주 배불리 장병 급식을 하고 있습니다. 동해에서 멸치를 잡아서 뻥튀기로 튀기면 멸치가 동태가 됩니다. 그것으로 아주 충분합니다.'라고 대답했다. 대답을 듣고 신익희 의원은 불쾌하였다."라고 합니다.

문상길은 1925년 경상북도 안동에서 출생했습니다. 제2차 세계대전 당시에는 일본군 하사로 제주에서 근무한 경력이 있습니다.

해방 후에는 좌익 성향의 국군준비대에서 근무했으며, 대구 제6연대 1기생 사병으로 입대했다가 연대장의 추천을 받아 조선경비사관학교에 입학하여 제3기생으로 졸업했습니다. 1946년 11월 제9연대 창설 시 소위로 부임했으며, 중위로 진급하여 제9연대 제1대대 제3중대장을 맡았습니다. 그는 남로당 중앙당의 직접 지시를 받는 프락치로 암약했습니다. 또한 위생병 손선호 하사를 시켜 대대장 이치업 소령의 음식에 독극물을 넣어 독살을 시도했으나 실패했으며, 이 사실은 후에 드러났습니다.

그는 1948년 4월 중순쯤 99식 소총 4정을 남로당 인민유격대에 제공했습니다. 이어서 1948년 5월 20일에는 그의 지시에 따라 제9연대 병사 41명이 각자 99식 소총 1정과 실탄 14,000발을 소지한 채 집단으로 탈영했습니다. (이틀 후인 5월 22일, 탈영병 중 20명이 검거되고 소총 19정과 실탄 3,500발이 회수되었습니다.)

1948년 6월 18일, 그는 하수인인 손선호 하사를 사주하여 연대장 박진경 대령을 암살했습니다. 이 사건으로 그는 1948년 9월 23일 경기도 고양시 덕양구 용두동에서 손선호와 함께 총살형에 처했습니다.

2021년 4월 2일, KBS제주방송총국은 기획 특집 '암살 1948'이라는 프로그램을 통해 문상길을 영웅으로 미화하는 내용을 방영했으며, 당시 우파 진영의 공개토론 제의는 무시되었습니다. 또한, 제주도 내 일부 4·3 관련 단체들은 2022년부터 매년 문상길과 손선호가 처형된 날에 맞춰 처형 추정지 경기도 고양시를 찾아가 진혼제를 지내고 있습니다.

오일균은 1926년 충청북도 청원군 현도면에서 출생했습니다. 1945년 일본 육군사관학교 제61기로 입교했으나 4개월 만에 해방이 되어 귀국했으며, 같은 해 12월 군사영어학교에 입학했습니다. 졸업과 함께 소위로 임관되었고, 당시 신탁통치 찬성론에 기울어졌으며 육사 생도대장으로 재임할 때는 좌익사상 전파에 열중했던 것으로 알려져 있습니다.

전라북도 이리에서 경비대 제6연대 창설 시 연대 정보과장을 맡았으며, 소령으로 승진한 후에는 진해 제5연대 제2대대장이 되었습니다.

1948년 4월 20일, 그는 제주 제9연대 김익렬 연대장 소속으로 파견 명령을 받아 대대 병력과 함께 제주에 왔습니다.

1948년 5월 10일 선거 당일, 오일균은 정보관 이윤락과 부관을 대동하고 김달삼과 비밀 회담을 했습니다. 이 자리에서 그는 정보 교환, 무기 공급, 탈영병 공작 추진에 협력하고 토벌 작전 시에는 사보타주 전술을 사용하기로 했으며, 박진경 대령 암살에 합의했습니다.

실제로 오일균은 인민유격대에 카빈 소총 2정과 실탄 2,400발, M1 소총 2정과 실탄 1,443발을 지원했습니다. 또한, 그는 제주 제9연대 포로수용소장을 자임하여 포로 심사 과정에서 좌익 성향의 인물들을 다수 석방했다고 전해집니다.

1948년 6월 18일 박진경 대령 암살 사건과 관련하여 수사를 받던 중 그의 정체가 탄로 나 처형되었습니다.

문창송은 제주시 애월읍 어음리에서 출생했으며, 애월면 어도리(봉성리의 옛 이름)의 개량서당에서 수학했습니다. 일제 말기에는 강제 징용되어 일본군으로 가가와껭(香川縣)에서 훈련을 받았고, 중국 나남(羅南)사단에 배치되어 서주(徐州), 상해(上海), 남경(南京) 등 여러 전선을 전전했습니다.

일제의 패망을 예감하고 탈영했으며, 해방 직전에는 광복군 주령(駐寧)부대에 입대하여 활동하다가 해방을 맞고 귀향했습니다. 귀향 후에는 이승만 노선을 따르는 독립촉성청년회(독청) 제주도지부 창립회원으로 가입하여 활동했습니다.

1946년 미군정 시기 경찰에 투신하여 1960년까지 재직하고 경감으로 퇴임했습니다. 그는 제주경찰서 화북지서장(경위)으로 재직하던 1949년 6월 7일, 인민해방군 제2대 사령관 이덕구를 사살하고 그의 직속 부하인 양생돌(梁生乭)을 생포하는 데 큰 수훈을 세웠습니다. 당시 화북지서에는 서북청년단 출신 경찰 20명(경사 2명 순경 18명)과 제주 출신 경찰 3명이 있었는데, 이 작전은 문창송의 회유로 전향한 인민유격대 연대장의 제보를 바탕으로 경찰 단독작전으로 이뤄낸 전과였습니다.

당시 제2연대장 함병선이 찾아와 "왜 생포하지 않고 사살했느냐"라며 작전 미숙을 지적하자, 문 경위는 "군에서는 사살이라도 했습니까?"라고 응수했고 이에 함 연대장이 아무 말도 못 했다는 일화가 유명합니다.

그는 방위포장 면려장을 수훈했으며, 4·3사건이 종결된 이후에는 제주시 관덕정 광장에서 개최된 '공비완멸 제주도민대회'에서 감사장을 받았습니다.

그는 이덕구 토벌 당시 양생돌에게서 압수한 '극비 제주도인민유격대투쟁보고서'를 보관하고 있었습니다. 그러던 중 1980년대 후반부터 4·3을 '민중항쟁'이라고 주장하는 목소리가 나오자, 이를 바로잡고자 1995년 『한라산은 알고 있다. 묻혀진 4·3의 진상. 소위 제주도인민유격대투쟁보고서를 중심으로』, (대림인쇄사, 1995)라는 책을 발간하여 세상에 공개했습니다. 해당 문건은 그의 유언에 따라 2017년 4월 25일, 유족이 국립중앙도서관에 기증했습니다.

문창송

1. 기초 준비 단계

1) 1947년 3·1사건 직후 남로당 전라남도 당부 지시에 따라 제주도 당부에서는 3·1사건 당시의 각급 선전행동대 활동을 기초로 각 면 당부 직속 자위대를 조직하게 되었으나 별다른 진전을 보지 못하였다.

2) 3·1사건 직후 모슬포 주둔 국방경비대 제9연대 제1차 신병모집 시 대정(大靜)출신 동무 고승옥(高升玉)등 4인을 프락치로 입대시킨 다음 그해 5월경 내도한 중앙 "올구" 이명장(李明章)동무를 통하여 전라남도 당부에 가서 그 지도 문제와 활동 방침을 지시하여 주도록 요청하는 한편 직접 수차에 긍하여 지시를 요청하였으나 하등의 회답이 없었으므로 독자적인 선(線)을 확보 대정면 당부(大靜面黨部)를 통하여 지도하여 오던 중 프락치 1명은 일본으로 탈출하고 1명은 군기대로 전속된 이래 반동의 기색이 농후하였으므로 나머지 2명에 대하여서만 지도를 계속하여 왔었다.

---

30) 일부 중복되는 감이 있으나, 문창송이 쓴 '간추린 4·3 전(前)과 당일 상황(요약)' 부분을 전재하는 이유는 투쟁보고서를 입수하고 당시의 시대 상황을 몸소 체험한 당사자로서 그의 견해를 엿볼 수 있기 때문입니다.

2. 무장 반격 지령

1) 1948년 3월 중순경 전라남도 당부에서 제주도 당부로 "올구" 이
(李)동무를 파견 무장 반격 지령과 함께

2) 기위 부식(扶植)한 국경(國警)프락치는 도당부(島黨部)에서 지도할
수 있으니 무장반격에 국경(國警)을 최대한으로 동원하도록 하라는 지시
를 하여 왔다.

3. 도당부(島黨部)의 준비 및 실행계획

1) 도당부 상위(島黨部 常委)에서는 이상 도(道)당부의 지령을 받고 같
은 해 3월 15일 도(道) 파견 "올구"를 중심으로 회합하여 첫째 당의 조직
수호와 방어의 수단으로 둘째 단선(單選)단정(單政) 반대 구국투쟁의 방
법으로 전 도민을 궐기시켜 무장반격을 전개하기로 하고 그 준비 및 실행
계획을 다음과 같이 결정하였다.

2) 준비 기간3월 15일부터 3월 25일까지(후에 4월 2일까지 자동 연장)

3) 준비사항
   (1) 도상임(島常任) 특히 투위(鬪委) 멤버로 군사위원회 (軍事委員
       會)를 조직하고
   (2) 투쟁에 필요한 200명 예정의 자위대를 조직하며
   (3) 보급과 무기 준비 및 선전 사업 강화 등 책임을 분담 준비하기로
       하였다.

4) 준비 상황 점검

 (1) 준비 기간을 넘긴 3월 28일 재차 회합하여 준비 상황을 점검한 결과

 (2) 병력은 조직 대상 13면(추자면까지 포함) 중 구좌(舊左) 성산(城山) 서귀(西歸) 안덕(安德) 추자(楸子) 등 5면을 제외한 제주(濟州) 조천(朝天) 애월(涯月) 한림(翰林) 대정(大靜) 중문(中文) 남원(南元) 표선(表善) 등 8개 면에서

　① 유격대(遊擊隊=톱 부대) 100명

　② 자위대(自衛隊= 후속 부대) 200명

　③ 도군위(島軍委) 직속 특경대(特警隊) 20명 등

　합계 320명 병력이 편성 완료되었는데 조직 체계는 도투위(島鬪委) 군사부(軍事部) 밑에 도군사위원회(島軍事委員會)를 두고 위원장(委員長=軍責겸무) 총사령관(總司令官) 부사령관(副司令官)이 있으며 각 면투위(各面鬪委) 군사부(軍事部) 밑에는 각 면 군사위원회(各面軍事委員會)를 두어 위원장(委員長=軍責겸무) 총사령(總司令) 참모(參謀)가 있어서 자위대(自衛隊) 및 유격대(遊擊隊)를 통솔 지휘하는데 인원 편제는 10인 1소대, 2소대 1중대, 2중대 1대대로 편성되었다.

 (3) 무기(武器)는

　① 구구식소총(九九式小銃) 27정(挺)

　② 권총(拳銃) 3정(挺)

　③ 수류탄(手榴彈=다이너마이트) 25발(發)

　④ 연막탄(煙幕彈) 7발

　⑤ 기타는 죽창(竹槍)으로 준비가 완료되었다.

(4) 한편 3월 20일경 한림면경 새별오름(新星岳) 공동묘지에서 전원 67명에 대한 합숙 훈련도 실시되었다.

5) 실행계획

  (1) 거사일시

    4월 3일 오전 2시 ~ 4시 사이

  (2) 거사 대상과 책임 분담

    ① 반동의 아성인 제주읍 성내 특히 감찰청(監察廳=현 경찰청)과 제1구서(第1區署=현 제주경찰서)는 국경(國警)이 담당 분쇄하고

    ② 도내(島內) 14개 경찰지서는 유격대(遊擊隊) 및 자위대(自衛隊) 400명을 배치 습격하기로 결정하였다.

    ③ 한편 국경(國警) 프락치에게는 무장 반격에 동원 가능한 병력 수를 사전에 문의한 결과 800명 중 400명은 확실성이 있고 200명은 마음대로 할 수 있으며 반동은 주로 장교급으로서 하사관까지 합쳐도 18명이므로 이들만 숙청하면 문제없으니 병력동원에 필요한 차량 5대만 보내달라는 요청과 함께 만약 배차가 안 될 때에는 도보로라도 습격에 가담하겠다는 연락이 있었으므로

    ④ 즉시 국경(國警) 공작원인 도상위청책(島常委靑責)을 파견 감찰청(監察廳) 및 제1구서 습격 지령과 함께 차량 5대를 보내는 외에

    ⑤ 거점 분쇄 연락병으로 학생특무원(學生特務員) 20명을 성내(城內=제주읍내)에 침투시켰다.

4. 4·3 당일 상황

1) 감찰청(監察廳) 및 제1구서(第1區署) 등 거점 분쇄는 국경(國警)이 투쟁 불참으로 실패하였고

2) 도내(島內) 14개 경찰지서 습격 대상 중 외도(外都) 구엄(舊嚴) 애월(涯月) 한림(翰林) 대정(大靜) 남원(南元) 성산(城山) 세화(細花) 함덕(咸德) 조천(朝天) 삼양(三陽) 화북(禾北) 등 12개 경찰지서는 유격대(遊擊隊) 및 자위대 (自衛隊) 350명을 투입 계획대로 습격을 감행하였다.

※ 국경(國警) 무장 투쟁 불참 사유

도상위청책(島常委靑責)이 습격 지령을 전달하기 위하여 국경(國警) 프락치를 만나러 갔던 바 프락치 2명은 영창(營倉)에 수감 중이었으므로 하는 수 없이 횡적(橫的)으로 문상길(文常吉) 소위를 만나 본 결과 국경(國警)에는 문 소위(文少尉)를 중심으로 하는 중앙 직속의 정통 조직과 고승옥 하사관(高升玉 下士官)을 중심으로 하는 제주 출신 프락치 등 이중 세포로 되어 있어서 얼마 전에 고 하사관(高 下士官)으로부터 앞으로 있을 무장투쟁에 경비대를 동원 참가하여 달라는 요청이 있었지만 중앙 지시가 없어서 거절하였다는 대답이었으므로 직접 재삼재사 동참을 요청하여 보았으나 여전히 중앙 지시가 없다고 거절하여 결국 국경(國警) 동원은 불가능하였고 따라서 거점 분쇄도 실패하였다.

3) 4·3 당일 피해 상황
(1) 인명 피해
① 경찰관 사망 10명
② 경찰관 부상 4명

③ 경찰관 가족 사망 3명

④ 경찰관 포로 1명

⑤ 반동 사망 4명

⑥ 반동 부상 3명

⑦ 반동 가족 사망 3명

⑧ 반동 가족 부상 1명

⑨ 서청 사망 7명

⑩ 반동 포로 4명

(2) 재산 피해

① 경찰지서 완전 소각 1동

② 경찰지서 반 소각   2동

③ 경찰지서 반 파괴   3동

④ 반동 가옥 소각   2호

(3) 노획품

① 군도(軍刀)   1정(丁)

② 칼빈 소총   7정(挺)

③ 44식 소총   1정(挺)

④ 공기총   1정(挺)

(4) 인민유격대 사망 4명

※ 이상 요점 정리 내용을 포함한 4·3 이후의 처절한 사건 전개 과정
  및 국경(國警)과의 관계 등 자세한 내용은 공개 문건인 투쟁보고서
  를 참조하기 바란다.

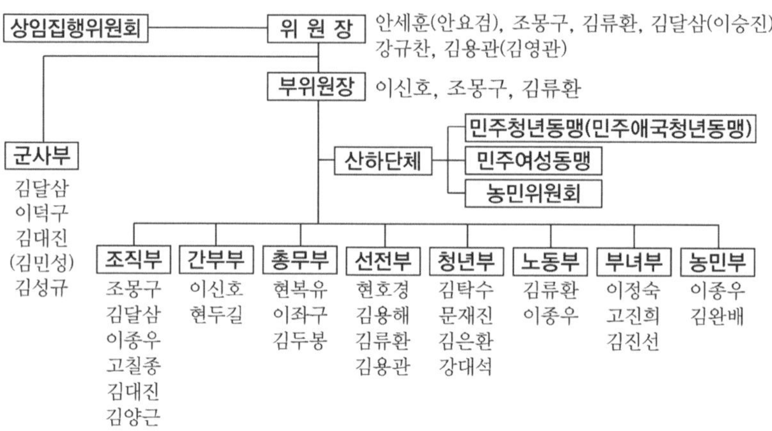

◆ 4·3주모자 및 세포책 인적사항[32]

위원장 - 안세훈, 조몽구, 김유환, 강규찬, 김용관 순(順)

군사부장(군사위원회 위원장, 군책, 유격대총사령관) - 김달삼, 김성규, 이덕구 순

조직부장 - 이종우, 고칠종, 김민생, 김양근 순

선전부장 - 김윤환, 김석환 순

보급부장(병참부장) - 김귀환

총무부장 - 이좌구,[33] 김두봉 순

---

31) 제민일보4·3취재반.『4·3은 말한다(1권)』. 전예원, 1994. 535쪽에 '여러 증언과 자료를 종합해
    4·3취재반이 작성한 제주도위원회 조직체계도. 이 도표상에 나타난 위원장의 경우 5명이 공동
    으로 맡았다는 뜻이 아니라 1대 안세훈, 2대 조몽구… 식으로 그 직을 맡았던 사람들을 열거했
    을 뿐이다. 이 조직체계도는 앞으로 검증 보완해야 할 사항이다'라는 설명이 붙어있습니다.

32) 문창송.『한라산은 알고 있다』. 대림인쇄사, 1995. 92, 93쪽

33) 이덕구의 친형

정보부장 - 김태진

청년부장 - 강대석

여성부장 - 고진희

농민부장 - 김완배

회계부장 – 현유복[34]

◆ 4·3무장봉기 전후 시기에 걸쳐 (제주)도당부 간부 맴버[35]

도당부 책임...안요검(주 안세훈), 조몽구, 김유환, 강기찬, 김용관

도당군사부 책임...김달삼《본명=이승진》, 김대진, 리덕구

      총무부...리좌구, 김두봉

      조직부...리종우, 고칠종, 김민생, 김양근

      농민부...김완배

      경리부...현복유

      선전부...김은환, 김석환

      청년부...강대석

      보급부...김귀환

      정보부...김대진

      부인부...고진희

---

34) 현복유라고도 불렀습니다.
35) 김봉현·김민주. 『제주도인민들의4·3무장투쟁사』. 오사카 문우사, 1963, 89쪽

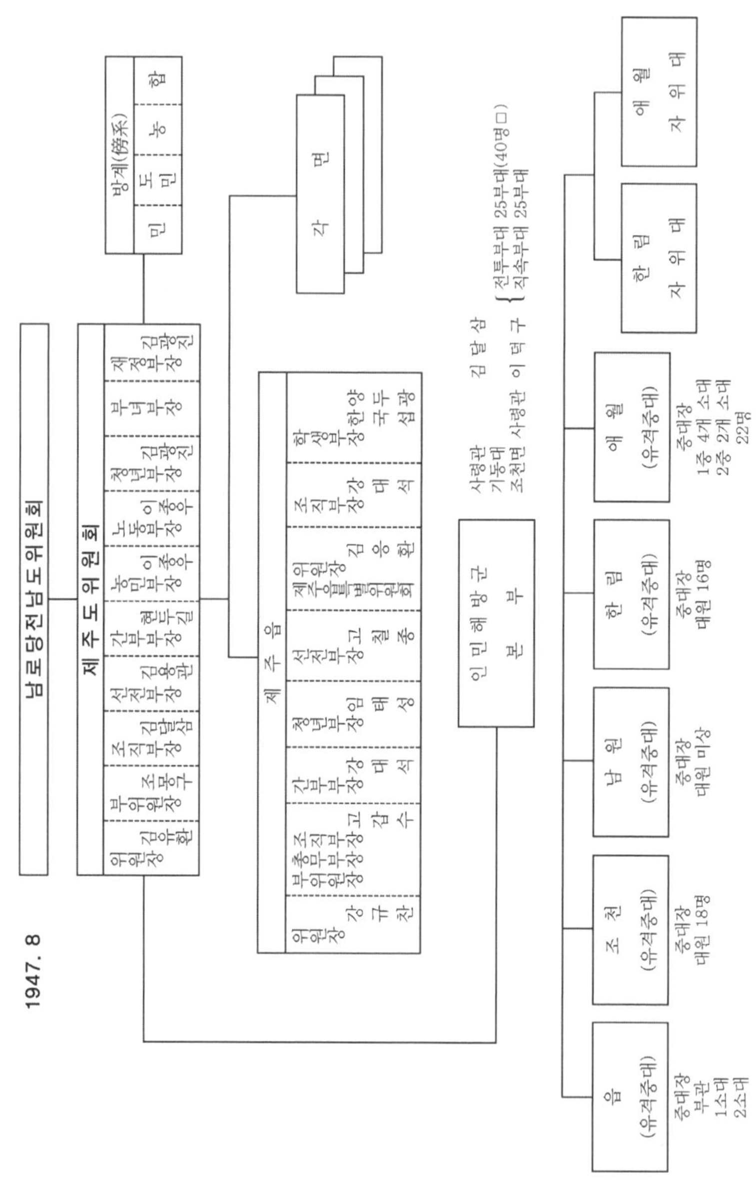

36) 고재우, 『제주4·3폭동의 진상은 이렇다』, 백록출판사 1998. 27~28쪽

[부록 11]
남로당제주도당 구국투쟁위원회 조직도[37]

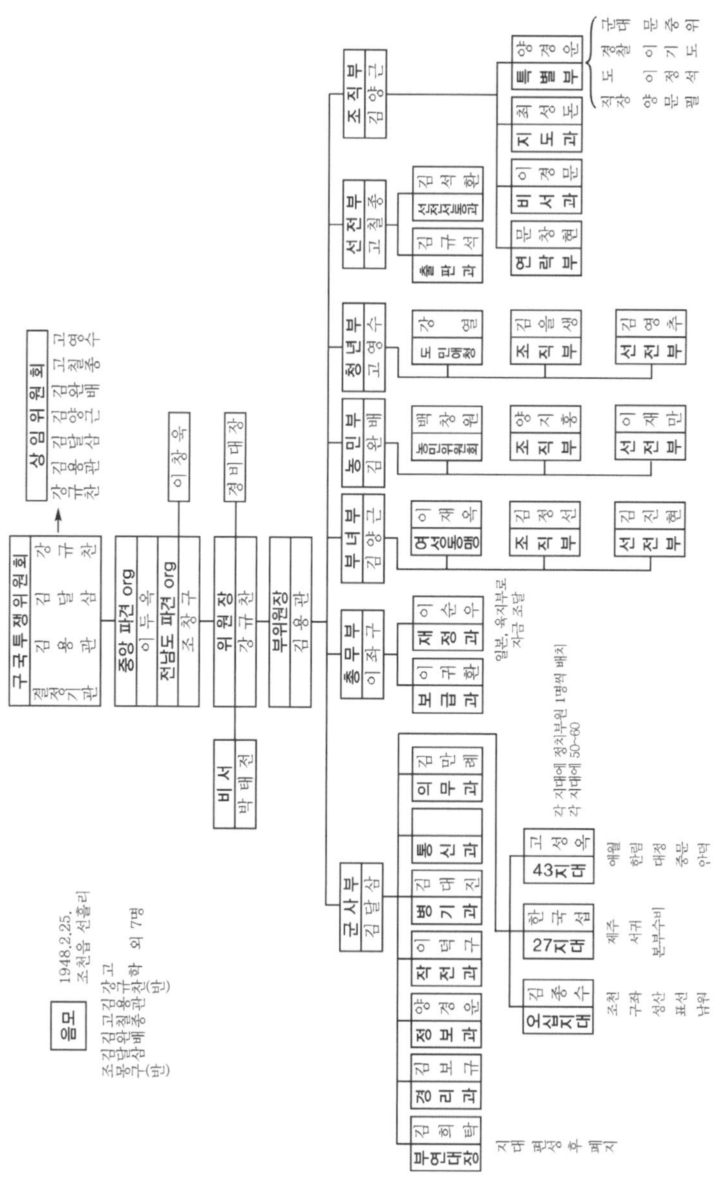

37) 고재우, 『제주4·3폭동의 진상은 이렇다』, 백록출판사, 1998. 31~32쪽

(부록 12)
남로당제주도당 혁명투쟁위원회 조직도[38]

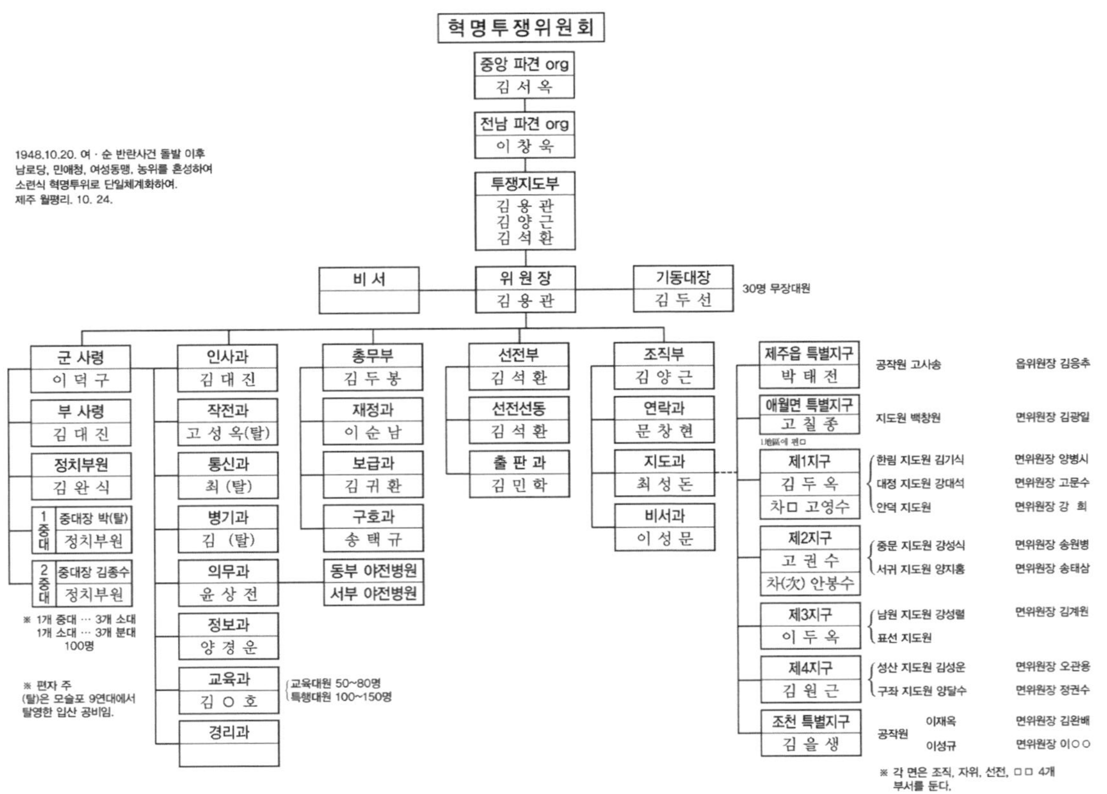

38) 고재우. 『제주4·3폭동의 진상은 이렇다』. 백록출판사, 1998. 39~40쪽

참고문헌

- 강용삼·이용수.『대하실록 제주백년』. 태광문화사, 1984.
- 고문승.『박헌영과 4·3사건』. 신아문화사, 1989.
- 고문승.『제주사람들의 설움』. 신아문화사, 1991.
- 고재우.『제주4·3의 진실은 이렇다』. 백록출판사, 1998.
- 국가발전미래교육협의회제주도지부.『제주도의 4월 3일은?(제1집)』. 디딤돌, 2010.
- 국방부군사편찬연구소.『4·3사건토벌작전사』. 2002.
- 국방부군사편찬연구소.『제주4·3사건의 실제』. 2002.
- 김남식·이정식·한홍구.『한국현대사 자료총서 1945~1948』. 돌베개, 1986.
- 김봉현·김민주.『제주도인민들의4·3무장투쟁사』. 오사카 문우사, 1963.
- 김영중.『남로당제주도당 지령서 분석(제2판)』. 퍼플, 2023.
- 김영중.『제주4·3사건 문과 답(개정완결판)』. 나눔사, 2022.
- 김용철.『제주4·3사건 초기 경비대와 무장대 협상 연구』. 제주대 대학원 사학과, 2009.
- 김찬흡.『제주인명대사전』. 금성사, 2016.
- 김학준.『러시아 혁명사(제18판)』. 문학과 지성사, 1990.
- 나종삼·박철균.『제주4·3사건과 박진경 대령』. 프리덤칼리지장학회, 2024.
- 남시욱.『한국보수세력 연구(증보판)』. 청미디어, 2011.
- 남시욱.『한국진보세력 연구(개정증보판)』. 청미디어, 2018.
- 문국주.『조선사회운동사 사전』. 도오쿄 사회평론사, 1981.
- 문창송.『한라산은 알고 있다』. 대림인쇄사.
- 박서동.『월간관광 제주』. 1989년 3월호.
- 박종효.『러시아연방외무성 대한정책자료 I ~ II 권』. 선인, 2010.
- 신상준.『제주도4·3사건(상·하)』. 한국복지행정연구소, 2000, 2002.
- 이운방.『미군점령기의 제주도인민들의 반제투쟁』. 1993.
- 이주영.『대한민국 건국과정』. 건국이념보급회출판부, 2013.

- 임동원.『혁명전쟁과 대공전략』. 1968
- 자유수호협의회.『제주4·3사건 자료집』. 선진인쇄사, 1997.
- 전민정.『4·3특별법 왜 위헌인가』. 프리덤칼리지장학회, 2024
- 제민일보4·3취재반.『4·3은 말한다(1~5권)』. 전예원, 1994~1998.
- 제주4·3사건진상규명 및 희생자명예회복위원회.『제주4·3사건진상조사보고서』. 2003
- 제주4·3연구소.『이제사 말햄수다(1·2권)』. 한울, 1989.
- 제주4·3위원회.『제주4·3사건 자료집(1~12권)』. 2001~2003.
- 제주4·3위원회.『제주4·3사건진상조사보고서 수정의견 접수내용(1·2권)』. 2003.
- 제주4·3정립연구유족회.『4·3의 진정한 희생자는(1~8집)』. 열림문화, 신성, 신명, 2013~2021.
- 제주4·3진실규명을 위한 도민연대.『제주4·3의 진실 도민보고서』. 제주문화, 2018.
- 제주4·3평화재단.『제주4·3사건 추가진상조사 자료집(1~제7권)』. 2018~2021.
- 제주4·3평화재단.『제주4·3사건 추가진상조사보고서 I 』. 2019.
- 제주도경찰국.『제주경찰사』. 1990.
- 제주도지방경찰청.『제주경찰사』. 2000.
- 제주자유수호협의회.『제주도의 4월 3일은?(2~5집)』. 열림문화, 2011~2012.
- 제주지방경찰청.『제주경찰 70년사』. 2015.
- 한철용.『눈』. 나눔사, 2025.
- 현길언.『정치권력과 역사 왜곡』. 태학사, 2016.
- 홍성제.『이등병에서 장군으로』. 솔과 학, 2014.

제주도인민유격대투쟁보고서 복사본

（元）

（四）七月初日 國軍에게 追撃을 當하여 威鏡隊 3名이 新林里에 避
　　　行次도는바 개에게 發覺되여 …… M/銃一挺 人等彈丸入費衣裝出
　　　비生各으로 國軍은 避生하다 …… 비生手로 개에게 押收되었다

（三）古月主에 大砲로 本아리도는 國軍에게 包圍銃殺하여 金도 避
　　　하기로 避하기로 하나 抹藏하든바 개에게 銃一挺 M/彈…
　　　丸等押収 …… 十三書로 國軍…

（二）五月三日 … 國軍에게 包圍되고 一名은 …
　　　捕虜되여 … 二名은 …에게 引継

（四）古月主十 … 到達하야 …
　　　되다

（五）古月主十四月 … 引継
　　　되다

上

（코）

（사）國莫의 討伐作戰이 ○ 同한 宰의 被害

㉠ 國莫의 討伐作戰
　三二軍은 遂히 前進攻擊하여 統樹部를 …
　一㉮ 第五聯隊大隊는 … 陸地部의 … 統 …
　珍물 … 中隊로 二十二聯隊長 … 二로 使命 正力으로 二聯隊 五百名 …
　聯隊 二百名 四聯隊 九聯隊 八百名 五聯隊 一千五百名 …
　聯隊 五百名 計二千人名은 雪和이 三 五個中隊로 編成 …
　回 討伐作戰을 開始 …
　第一次攻擊은 … 三月十二日間 山麓 襲擊하여 …
　第二次攻擊은 三月二十日부터 四月四日間 … 農旧 左而 …
　地帶로 … 令陵里로부터 出發하여 農旧 左而 …
　聯를 里로부터 第一地帶를 …
　第二地帶를 珍林內의 各隊로 出농 …
　經造里로 別者를 第地帶로 …
　坪山神四로 別者를 … 珍林而를 官河로 旦라 退軍 …
　平里로 到着者를 … 大將을 旦라 退軍 平里에 到着 …

㉡ … 香地로 別로 各部薩駛此 … 을 包圍攻擊하여 …
　三月二十日부터 合十七日까지 三日間 漢藥과 山形 …
　白鹿潭을 作하야 … 包圍討伐攻擊 …
　구릭의 推定 …

㉢ … 國莫들에게 … 西歐駛正部隊이라고 을 包圍 …
　㉢ 第四地 攻擊은 … 被害를 입었으나 …

㉣ 三月十七日 廣坪里에서 隊員一名이 傷當하고 捕虜를 釋하서 …
　山에 … 各隊 … 一庚 殺害하고 … （連絡員一名 …）

㉤ 三月二十九日 … 各隊 기기에 … 隊員一名에 對하여 … 階近에서 … 大詳이라고 三階近에서 鬪員 … 一名 殺害

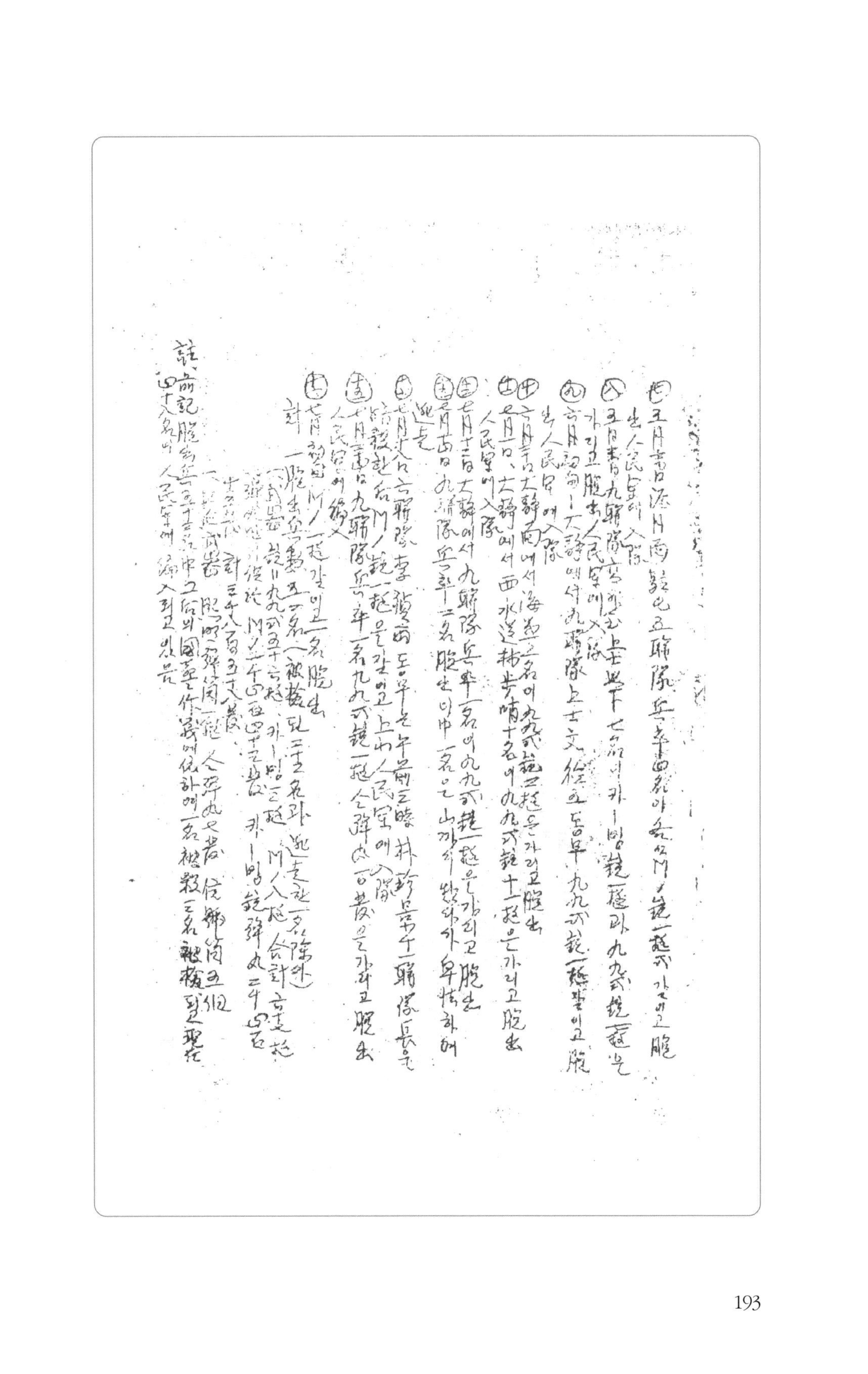

(3)

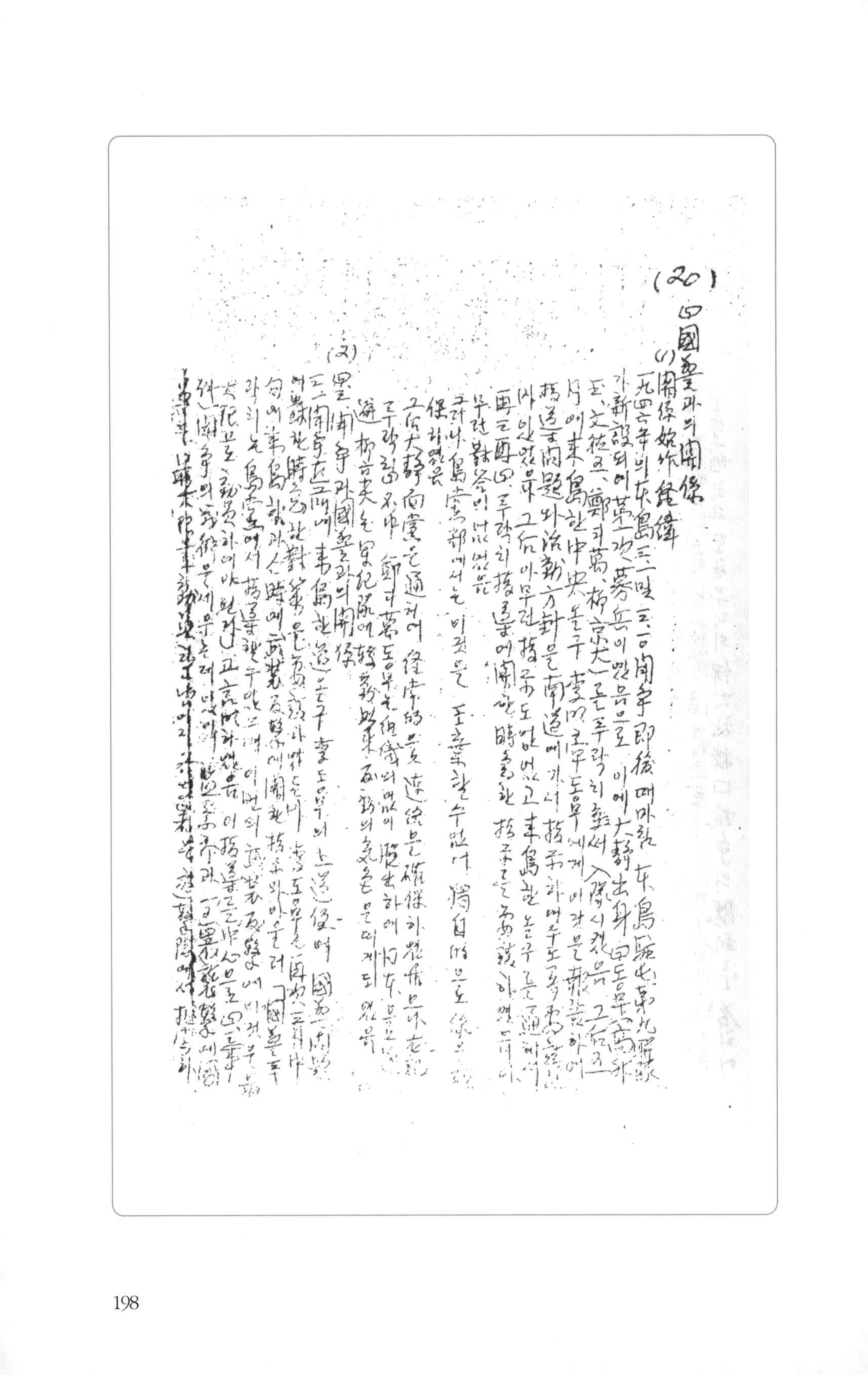

(20)

四. 國聖과의 關係

(1) 關係의 始作 經緯

一九四六年의 東島 ……

(文)

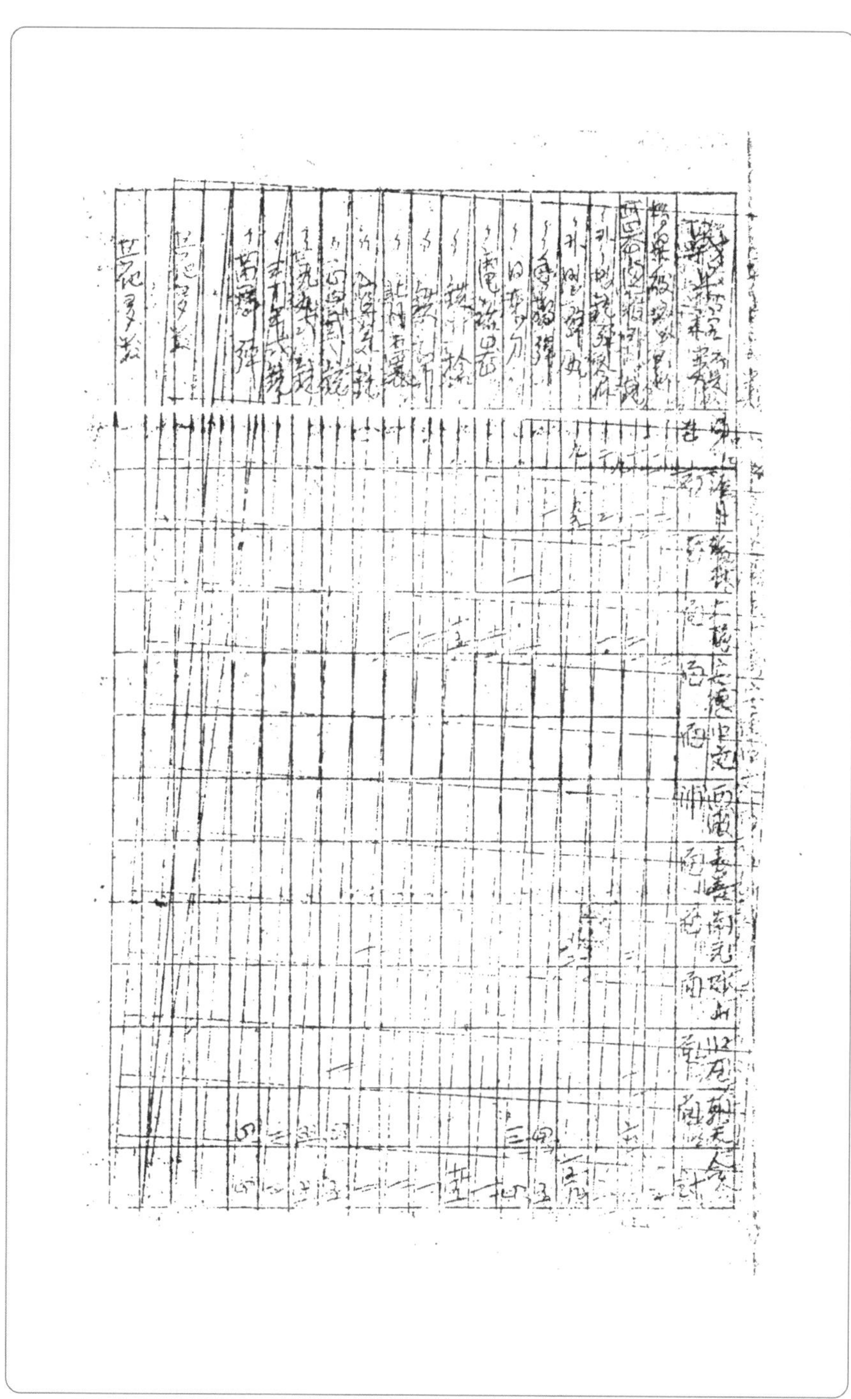

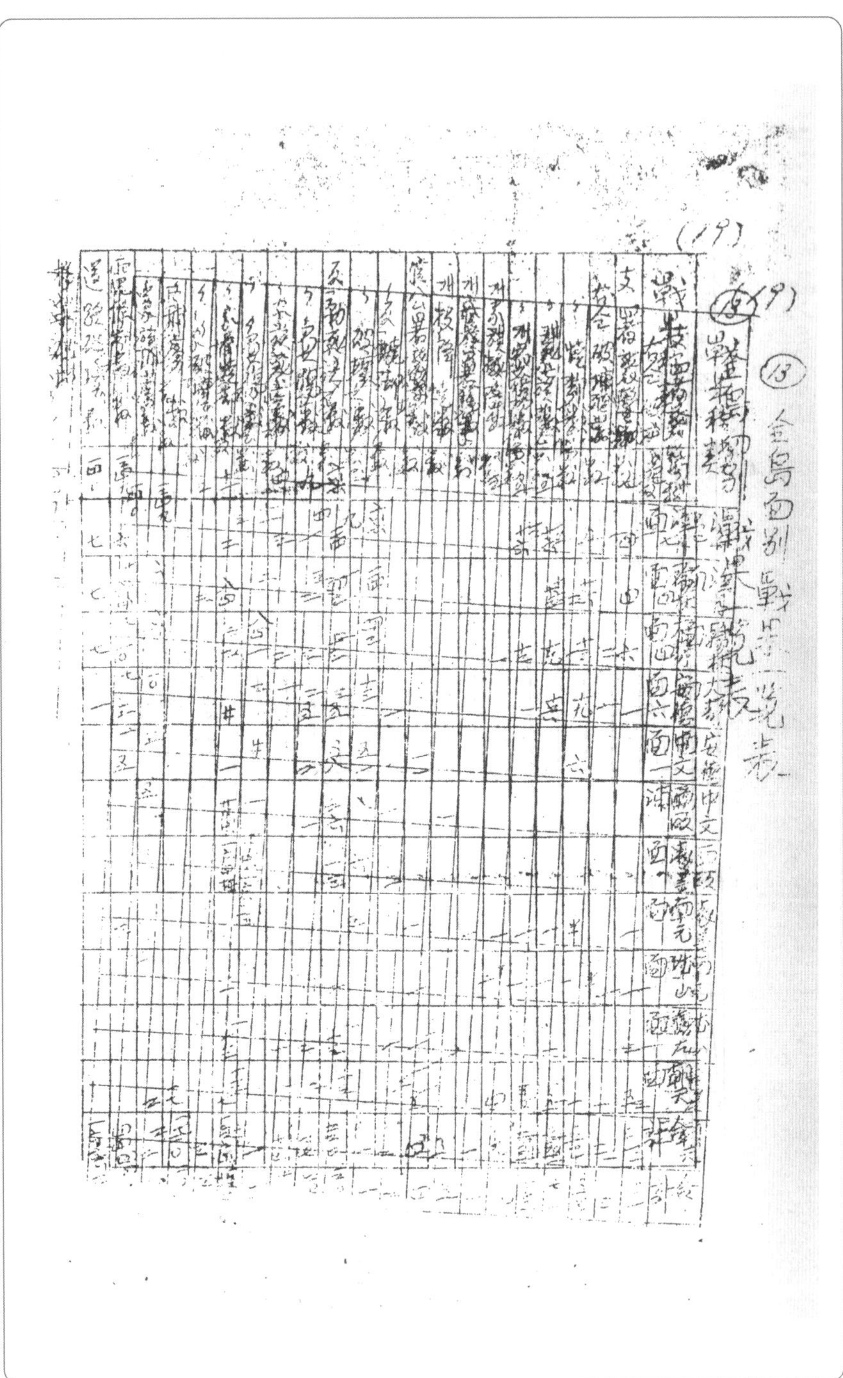

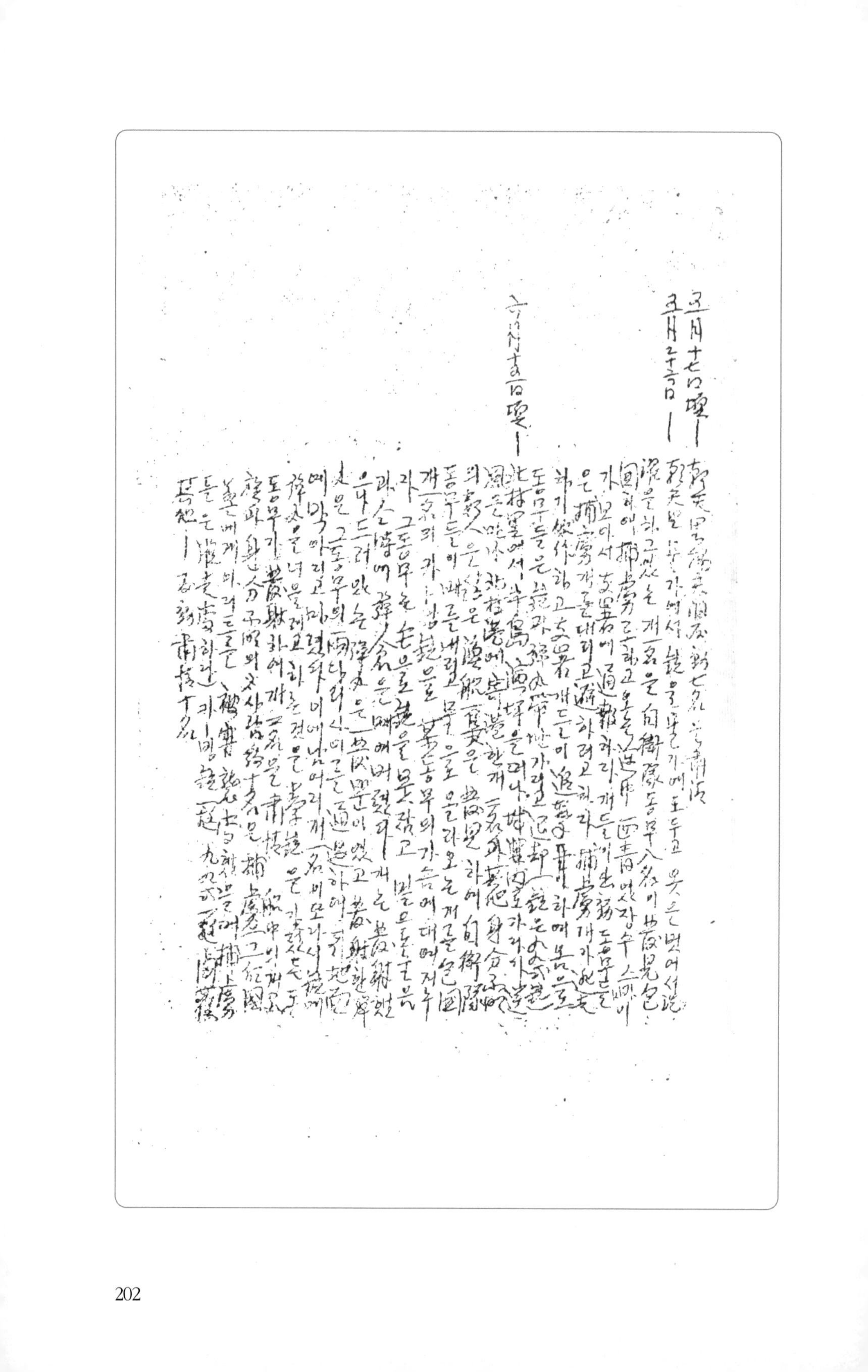

五月十七日曜 一

五月二十九日曜 一

六月十九日曜 一

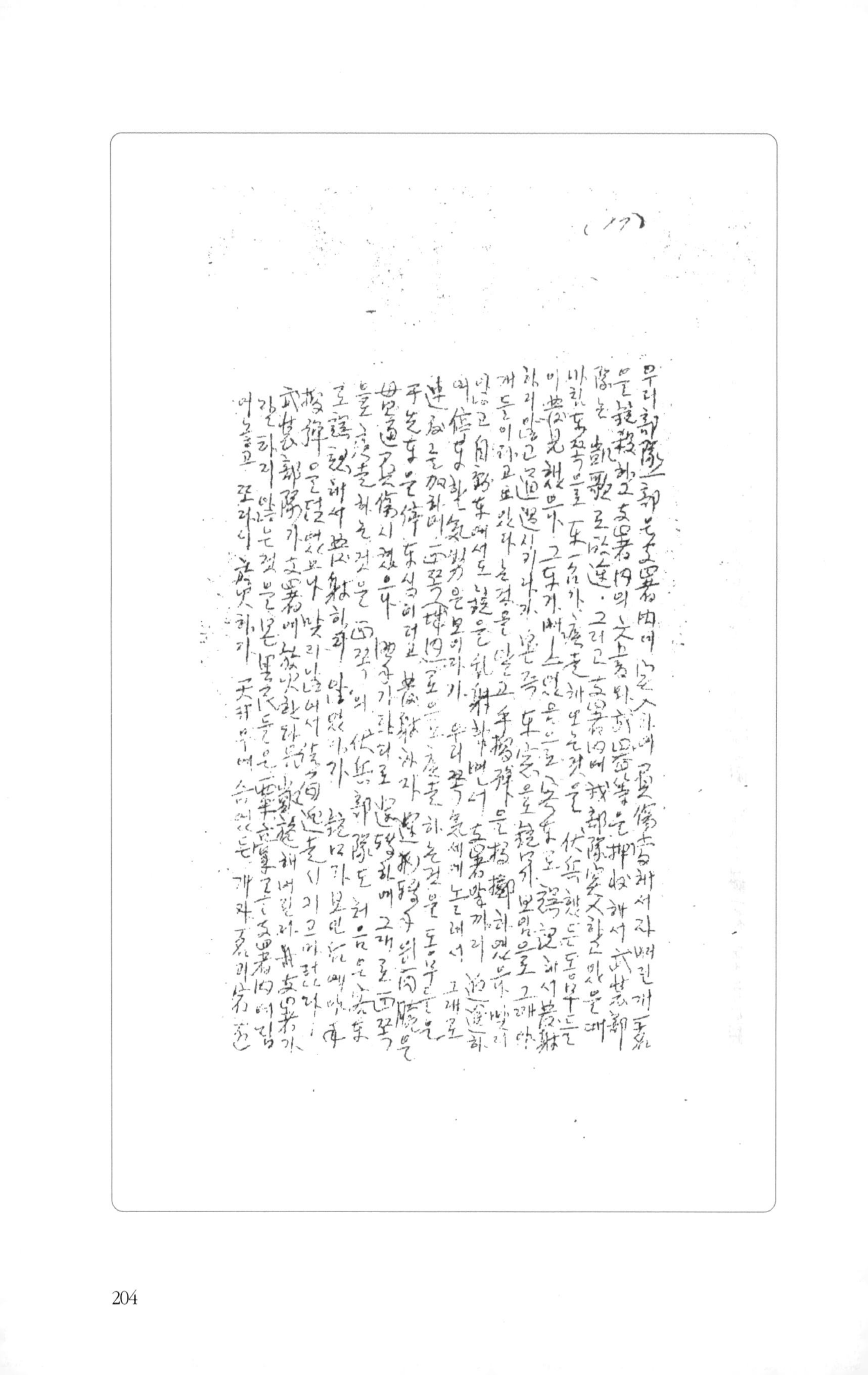

(17)

五月十□日

… 가는 것은 불맛갈고 …
民들이 개를 잡고 …
비있거든 … 殺機
무내머리고 …
하는 途中 …
里民들으로 奪取하야 …
우리 二二名 神출동하야 金○○

五月十九日 殷凜遞斷

五月二十日 金○州 …

五月十九日 太虎里三 … 州 改選未
敎員一名 … 即時
郡隊約三十餘名 …
洋十八歲 一名
이作五○○ 一組

은 解放이 되자 곧,

그리고 이 神經戰期間中 그 마을에 住民 六十餘名과
또 이 近傍 一方 그 當時 北林里에 對한 彈壓의 防害하여
生命이 不安定으로 개와 大丈夫들이 北林里를 乾燥하지 안타
음으로 다시 事態가 한고 곧 待期하여 我部隊 約十二名이 終日
每日 兩月에 咸德里와 北林里 주민의 送路追得에 代로 바
하고 忿怒하며 結局 개와 未乾에 벗이 있음으로 迎却하고
同 新興里 要價로 當을 上矢境地 로 능히 하였 二家屋
戶 二棟 金燒却하다

朝矢面으로 豊門 里要豆 三道二名 甫情, 그 家屋 一戶 金燒
却

朝矢里及 勤正森에 見備, 臥山及路 茶市情, 그 家屋 一戶

初旬一

朝矢里及 勤正森에 見備
惚却

前記 咸德里 大書를 解散시킨 뒤 이들 巡여 自衛隊
細織하고 그들끼리 遇去의 選擇들 諸衆과 하기爲하여
면부가 들의 咸德里 者개 二 수諸하가로 決定되
裝備衛隊用 約十名이 伏兵하고 郭行選 도무에게
을 語遇해 보도록 特令했는데 들의 미림거리로
비는 개에 이름은 장兒 韓同무는 개에게 술먹려 가지
권誘非하여 이들은 大靑里 三名 로 이때 다
웃보았으나 개도 있었음으로
못自衛隊로고 伏兵한 地点으로 개君의 鏡二題을 한손에
해가가 흐리 못하며 結局 伏兵서 개君의 鏡二題을 한손에

五月七日一
四月末頃一
五月初旬一

四月十四日 ― 主�38 搬事处 ... 戒部 隊員十 名을 ... ...

四月十四日 ― 朝 ... ...

四月十五日 ― 明 ... ...

四月十六日 ― 新 ... 里 ... ...

四月十六日 ― 金文壽 外 ... ...

四月二十日 ― ... 戒部隊 ... 七名 ... 釋放

(八)

朝天面의 戰鬪는—

4·十八1—

四月十九日— 我部隊 八名이 德永里 大吉里 書務所를 襲擊 事務所를 全

　　燒却 敵保安勤務員 一名에게 負傷을 주었음

四月下旬— 東邊 保安勤務員 一名 掃蕩

五月上旬— 軍 保安捜査班 上川 進出 事務所를

　　　　　上川 保安捜査班 部分을 襲擊 掃蕩

五月二十九日— 光州에서 順天 方面으로 敵輸送を 包圍 外에서 襲擊

　　國軍 車輛 多數 破壊 記録

六月十五日—

　　（중략）

三月十一— 我部隊 千名이 下蒸里 進擊 掃蕩 書務所를 焼却

　　破壊 保安勤務 二名에게 全部 射殺

　　（중략）

六月右旬—— 送臨 軍發動 一名 書情 文書를 捕虜하여 逃走

(6) 中文面

三月十一—— 我部隊 千名이 下蒸里 進擊 掃蕩 書務所를 焼却

　　破壊 保安勤務 二名에게 全部 射殺

　　（중략）

六月右旬—— 送臨 軍發動 一名 書情 文書를 捕虜하여 逃走

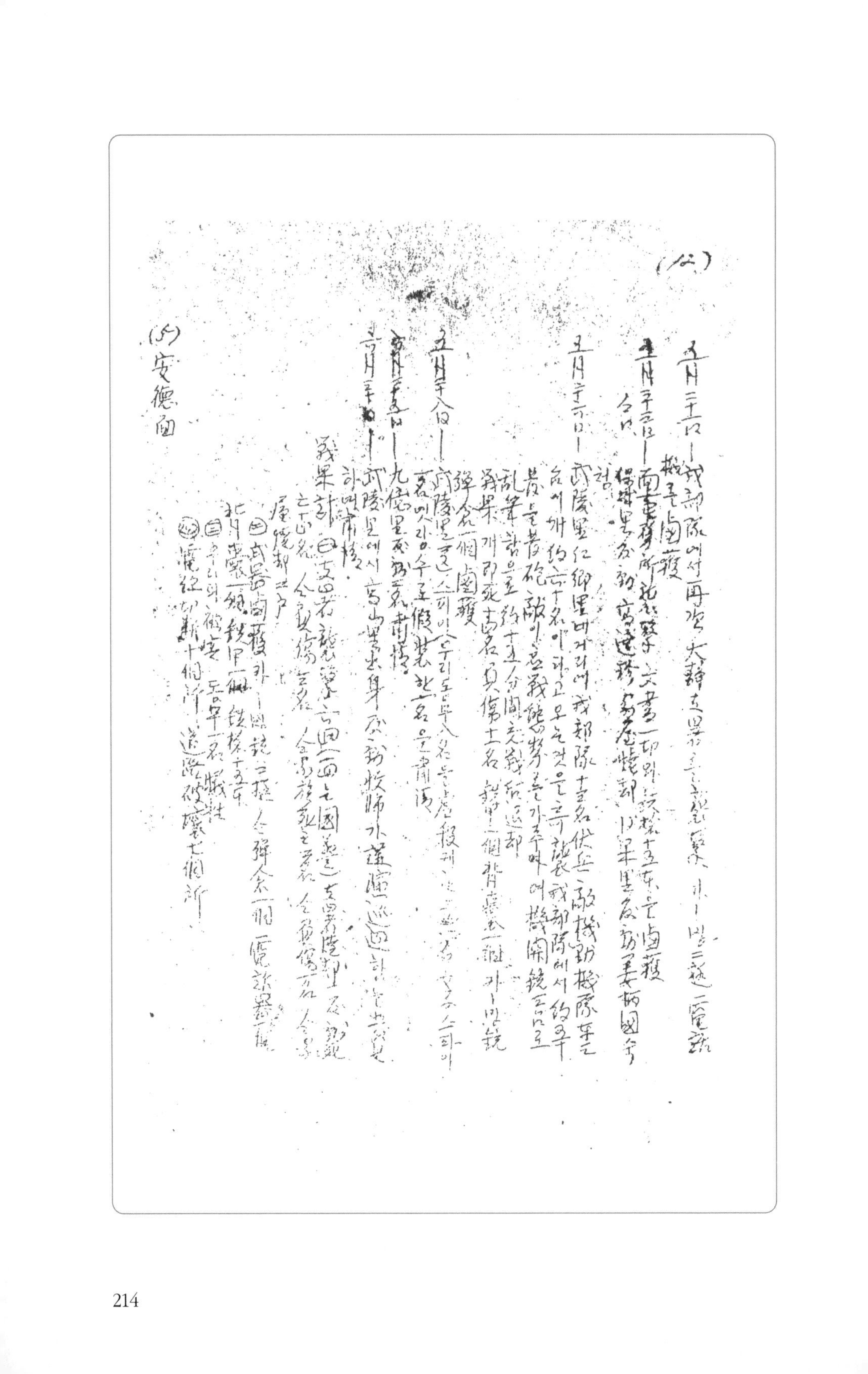

(소)

(5) 安德面

214

四月九日

四月十六日

四月十三日

五月十三日

五月十四日

戰鬪가 게始되었다. 미여金地에서 開幕一展開게서 敵은 金宅에서 肅
清面民 名과 獨俊旅官 群副部 名에게 浮傷을 내고
藪森호民 暴 能就對 部隊을 他部隊가 敵載 動隊와 接觸하고
城城에 動우드로 金部 逃避하야 鏡면 一名 떨쳐서 開命小
可能 橫으로 文書 讀放達으고 即前 三千三斗가 드의 爲쏬生 三으 事崩申
止電線切斷 四個所 道路破壞 三個所
藪開定으로 了役處址場所 미에 드 東山에 金民지 金金
가기로 世世貴訓서 今岳까지 武世裁裁立斷行
今岳에서 所揮밀 日本方 一千押收
還회사 中品前九時 마리드에 敵
薇을 文書로 六名과 並多人候陵人 金자드 二三五名이
今年을 敵戰及 立지二 情報로 即時撤出務
撤후候 이此로 擊記 서키고
後擧金民으로 播受하야
政役이 之后 擇載 金民드 드 金五名은 捕虜되이
撤載 四十分 比敵이 餘丸 金部滿貴刑자立 敵으로 擇之記
却刑라며 安鍵아 多暑定金慈部 依撥 金部遷 一名金逃送
十名 我部隊 人民 民我國万歲
太名(一九六龍立遠 室ア立東 程卷洲彈三叢
禄提者民名부金名 金奪遷
독무로 鎨서 武載彬 正三新바 金
우리에 徹虚一個以 비鏡三 一名 犧牲狀一叢 安惮

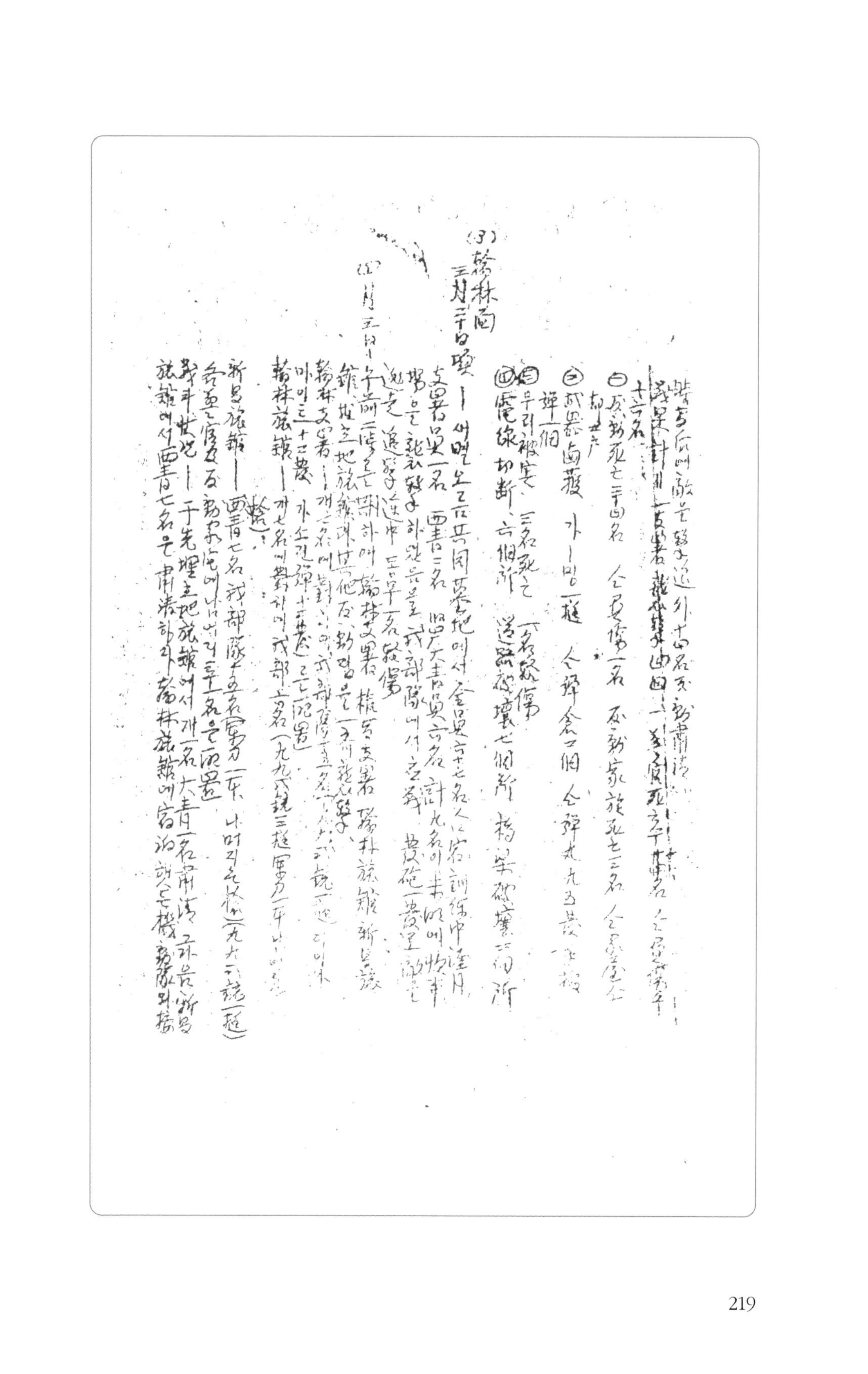

人民들을 붙잡고 防穀堤로 하면서 退却
名에게 殺傷시키고 外人 金部를 奪還하여 金部
주민에게 返還하여

五月六日 ― 西政湖長春鍫校生(雲峯)外 鐵托北스따 一外 箱廳
軽機開始 ...名 ... 水山長
田品吉 ... 彈 ...
歴事 ... 水山長 四을 ...
二個中隊가 小銃 十二挺을 가지고, 長田, 召吉
맞어서 包圍攻擊 ...
면저 車를 向하야 手榴彈을 던졌으나 ...

五月七日 ― 敵 五十名이 沈樹陰 輕機關銃 ... 二個
田 ... 召吉里로 부터 挑戰 ... 長田, 召吉
自衛隊 ...
発車 二台 破壊하러 가기 ...
敵新伐隊長 以下 四名이 ...
昔 ... 携隊 車 二台에 ...
水을리 其間 刑 ... 依 ... 人 ...
十二名, 또는 傷 ... 推測됨 武部隊의 ...

五月八日 ― 下告里 敗軍岩에서 敵 ... 鏖戰
軽傷一名

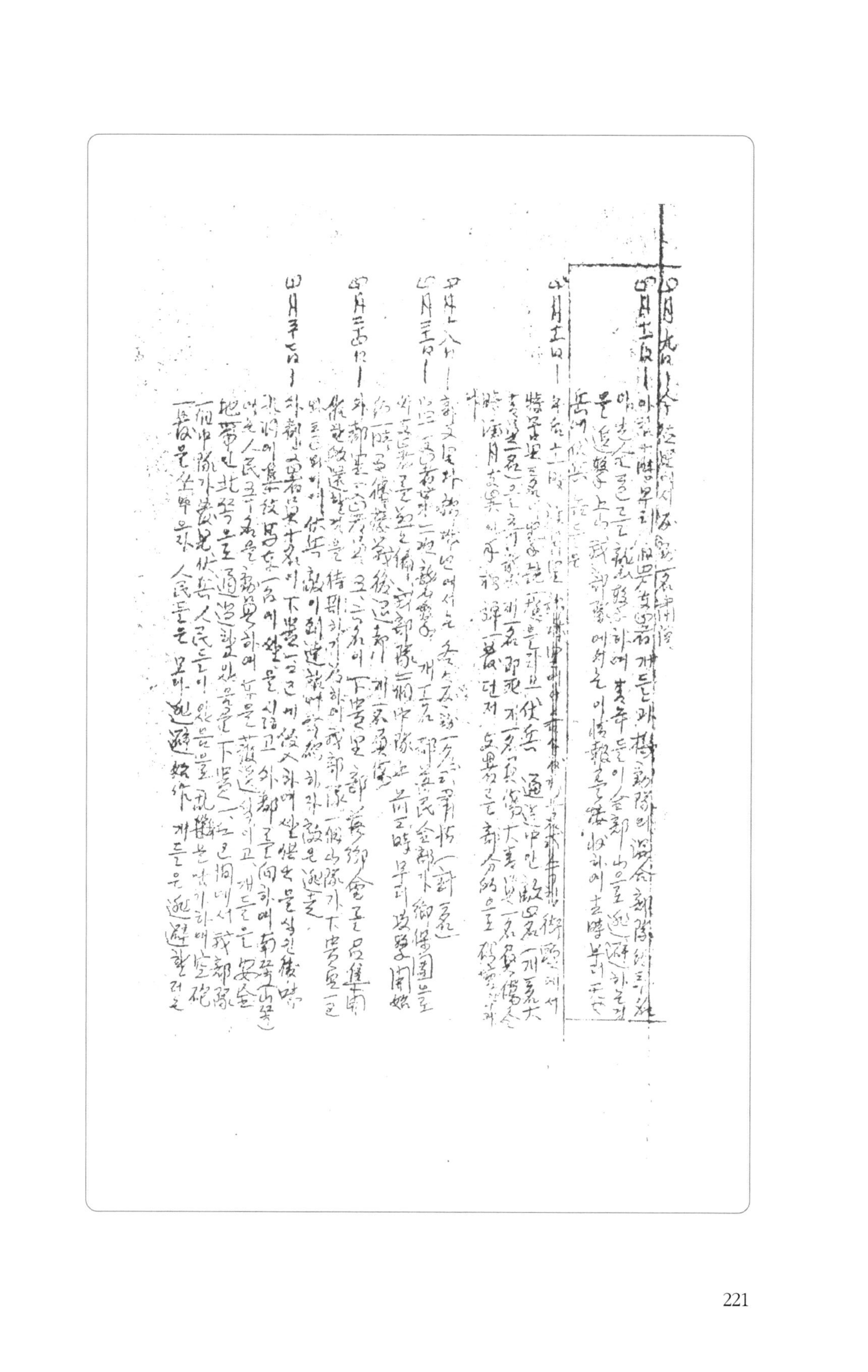

四月十九日 ─

四月十五日 ─

四月十三日 ─

四月十二日 ─

四月八日 ─

四月五日 ─

四月二日 ─

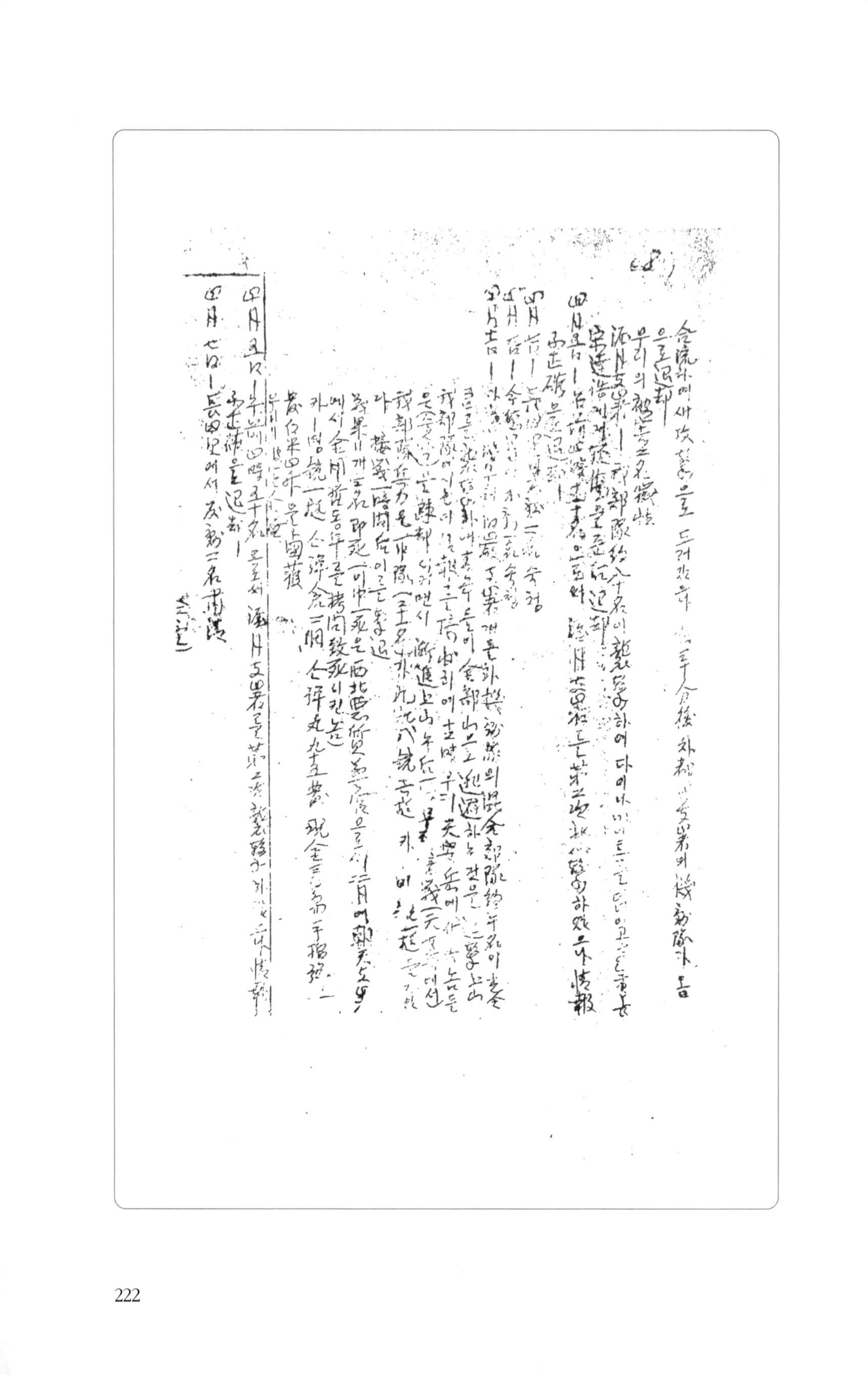

(2)

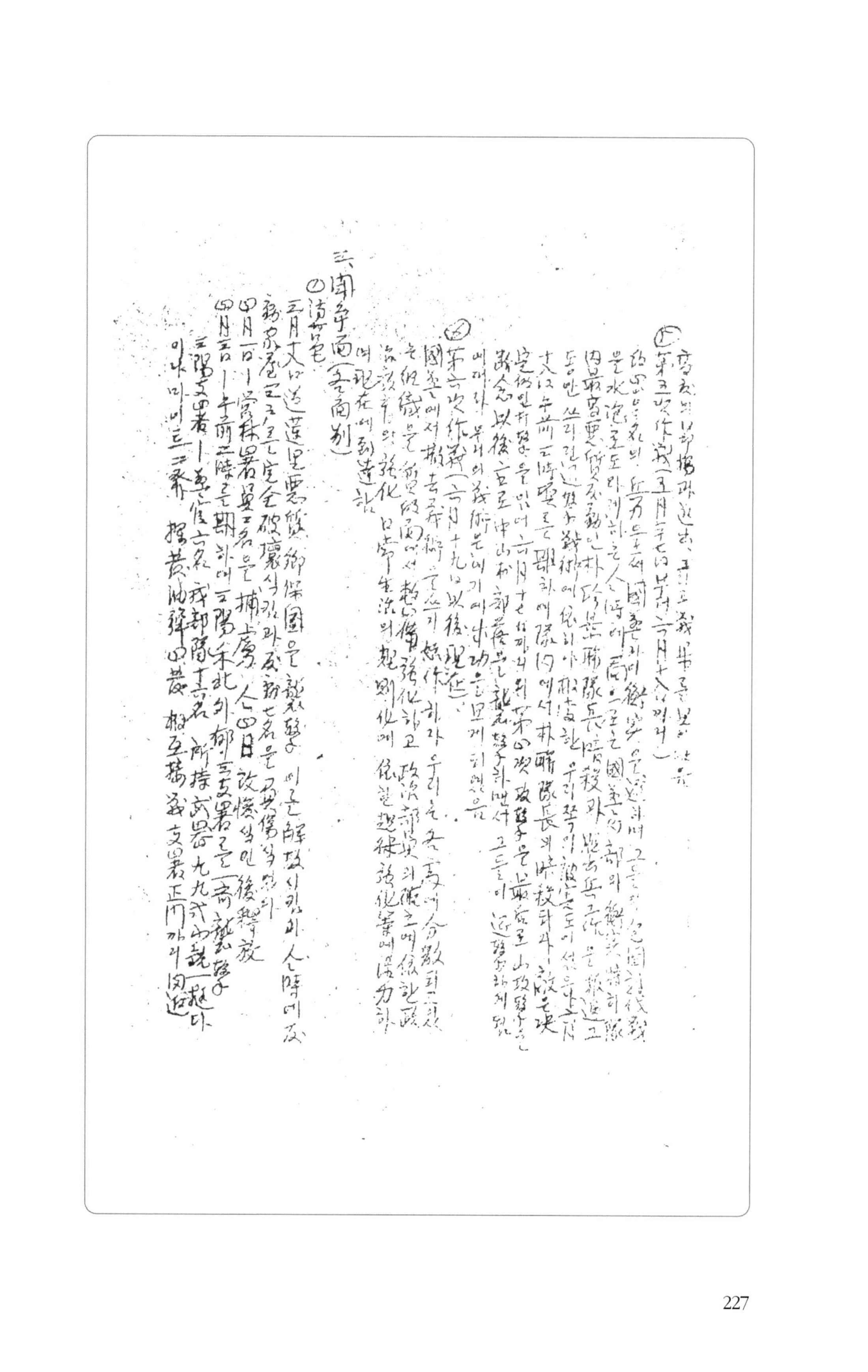

三、閩事變

㉔ 淸勞電(云云商別)

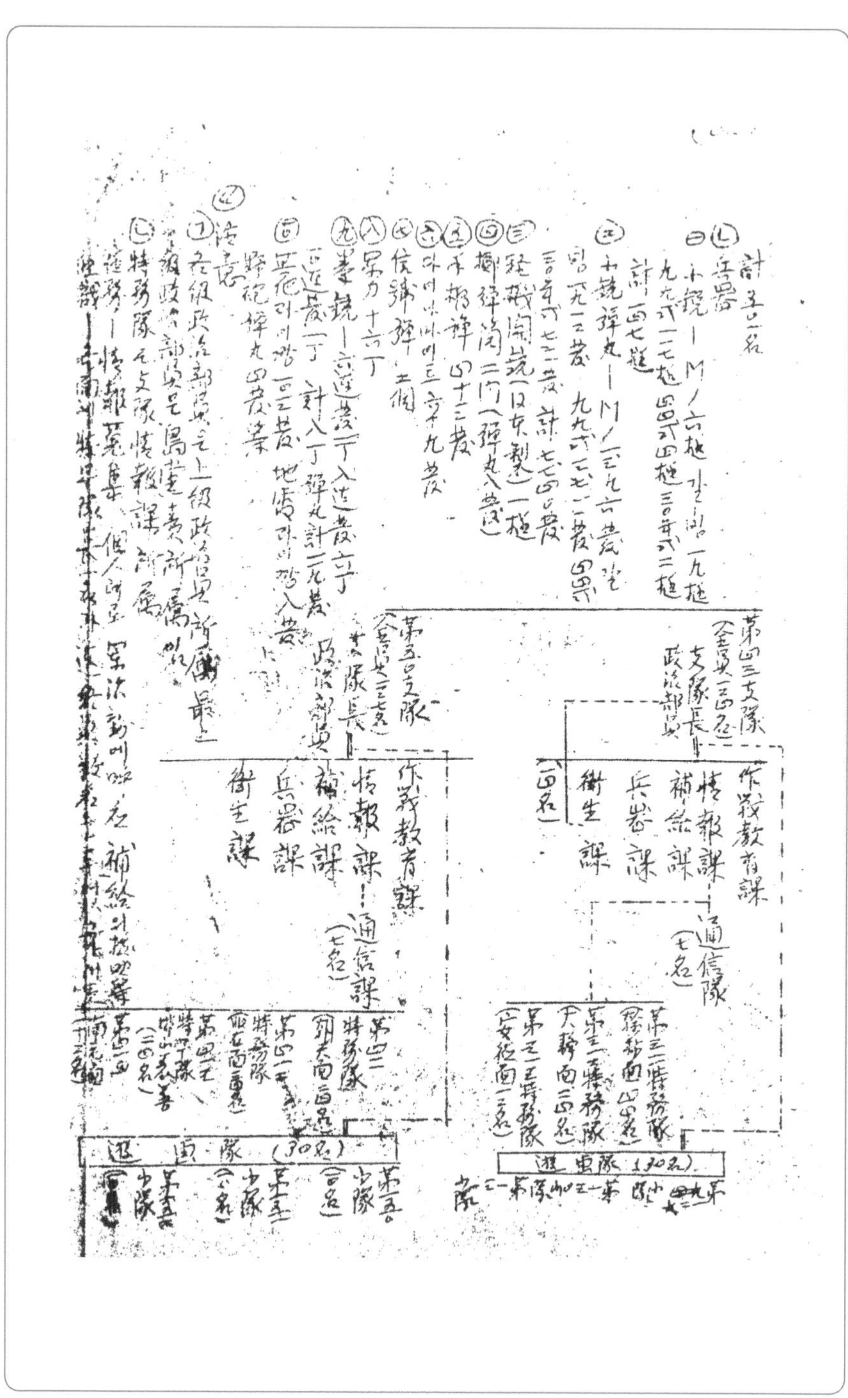

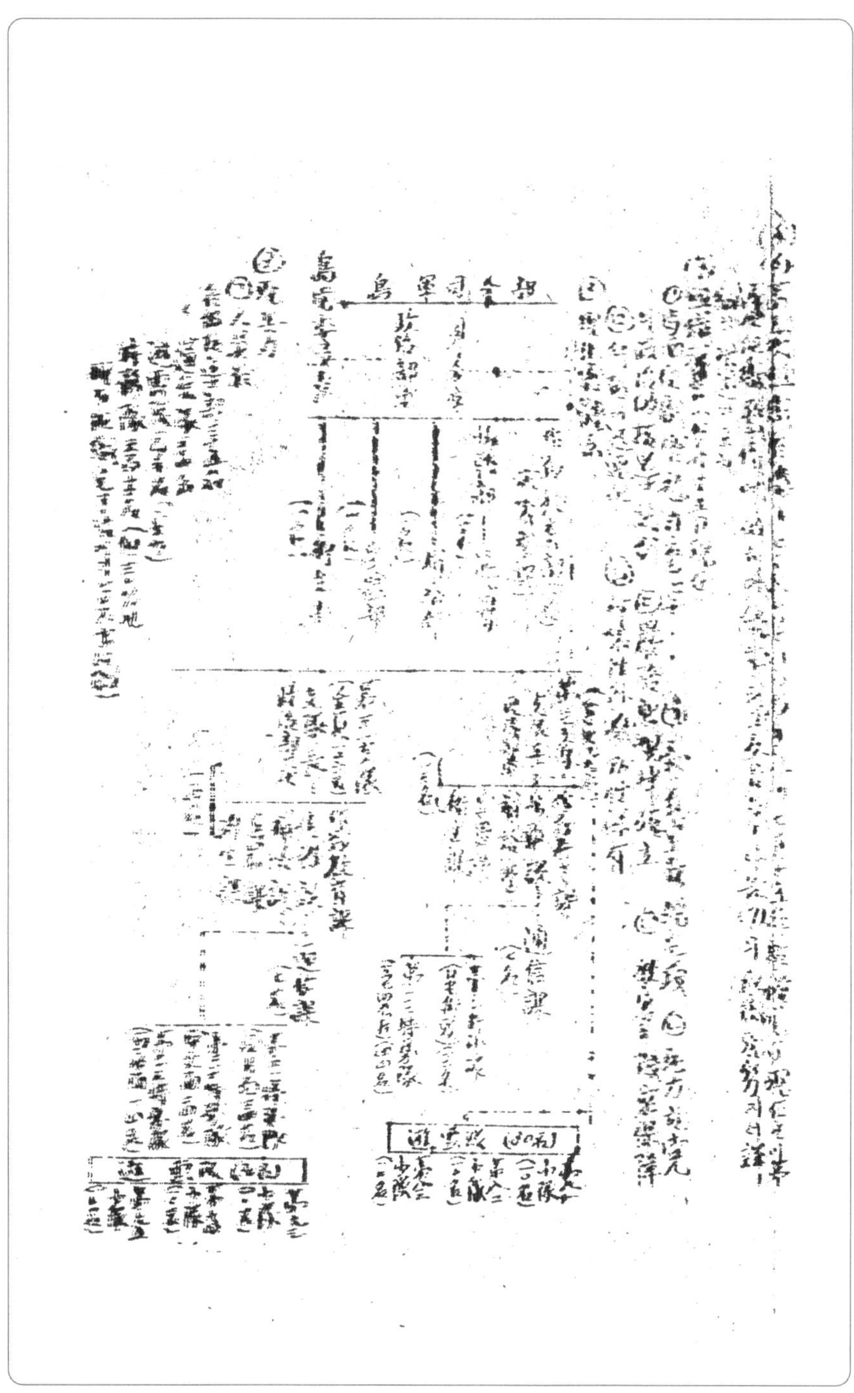

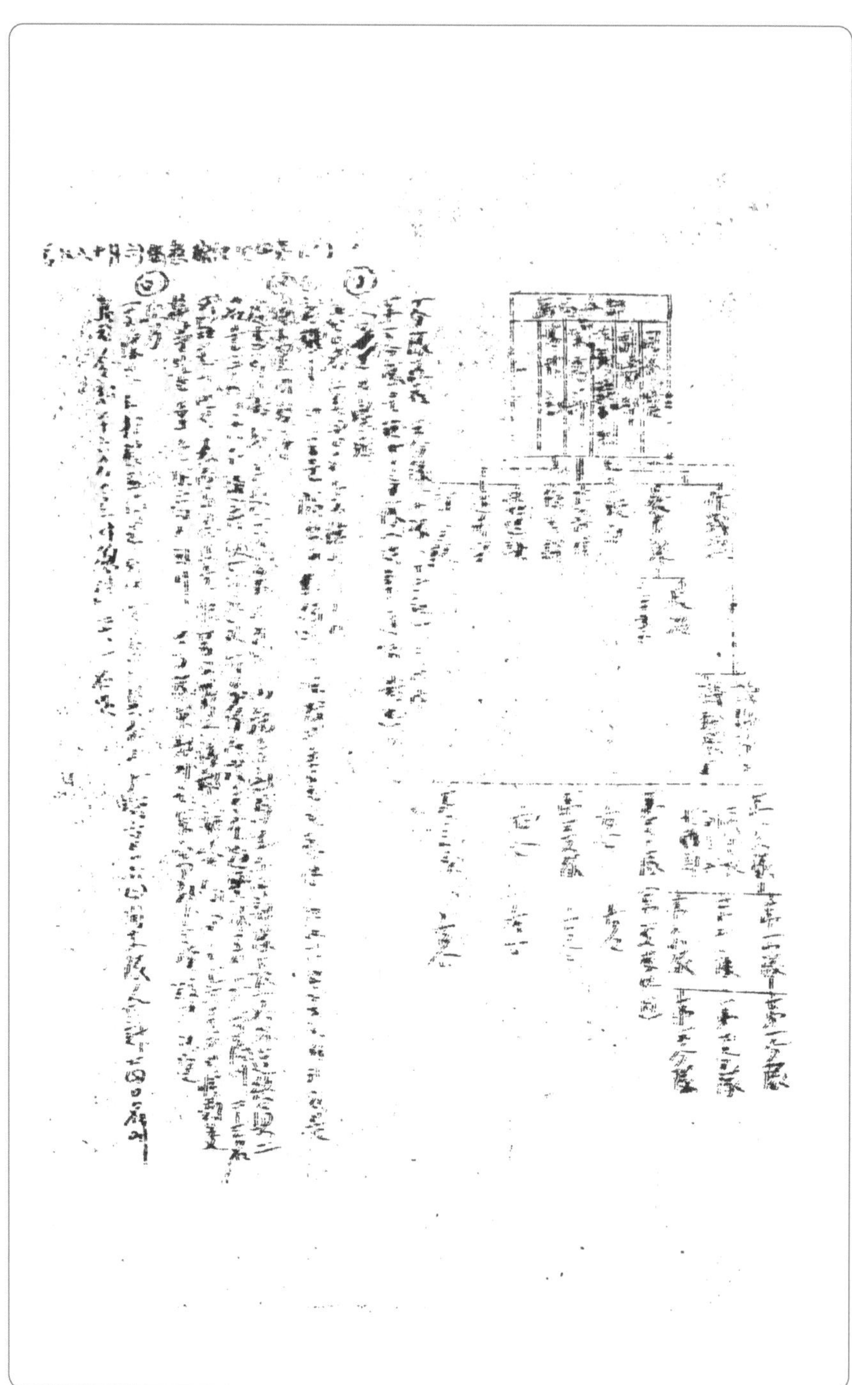

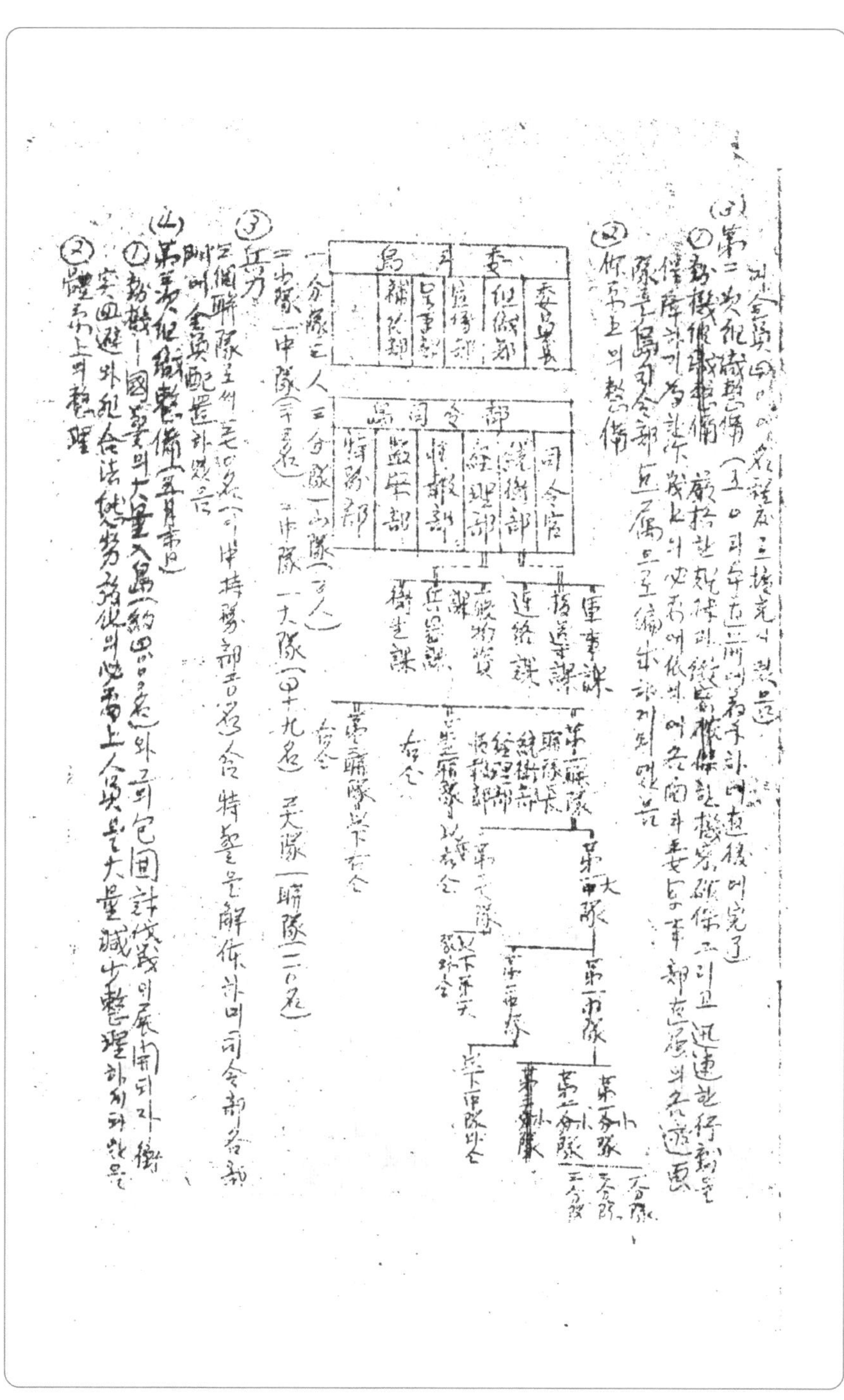

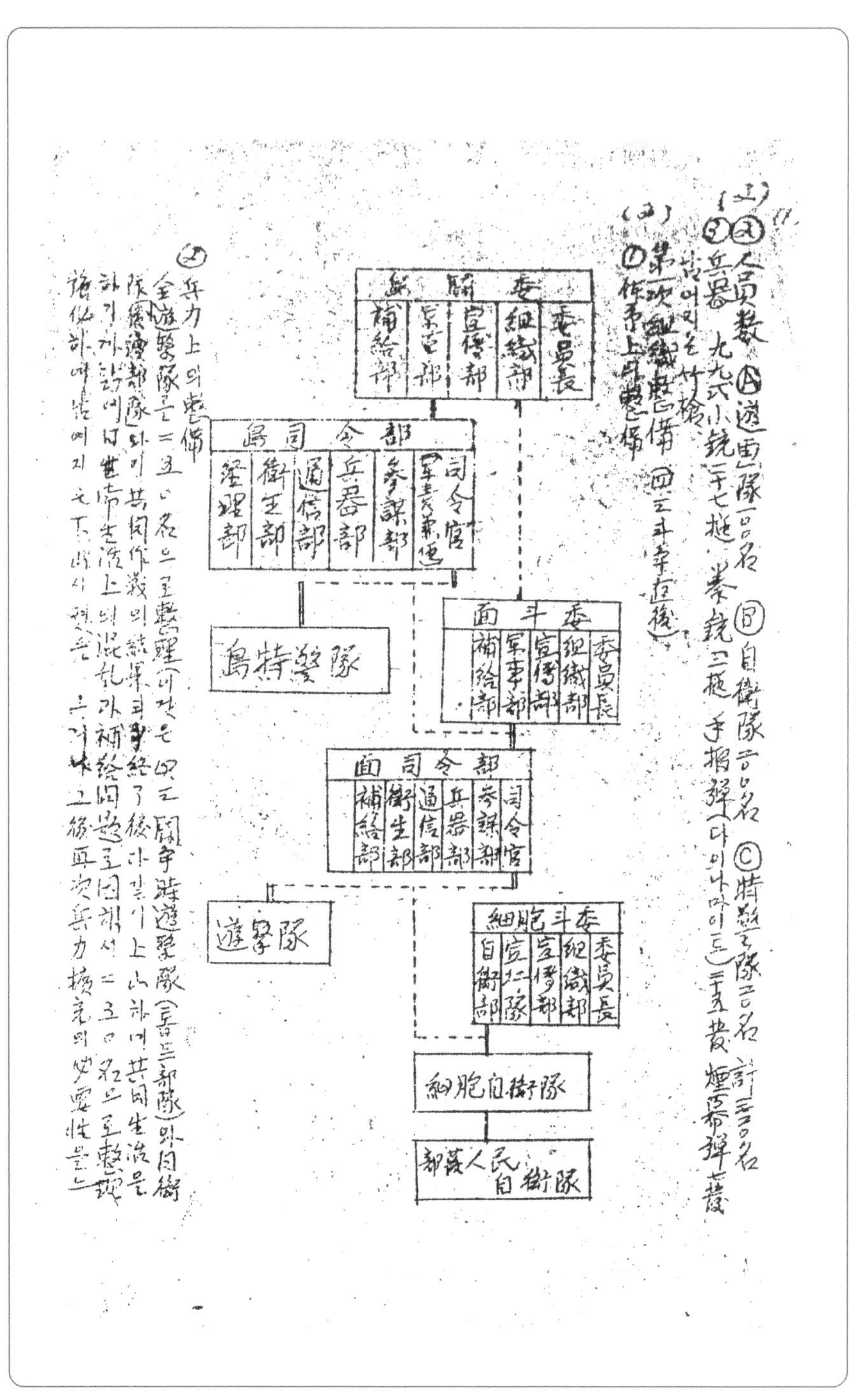
委員長
組織部
宣傳部
警備部
補給部
島司令部
司令官
軍需兼任
參謀部
兵器部
通信部
衛生部
經理部
島特務隊
面斗委
委員長
組織部
宣傳部
軍事部
補給部
面司令部
司令官
參謀部
兵器部
通信部
衛生部
補給部
遊擊隊
細胞斗委
委員長
組織部
宣傳部
自衛隊
細胞自衛隊
都邑人民自衛隊

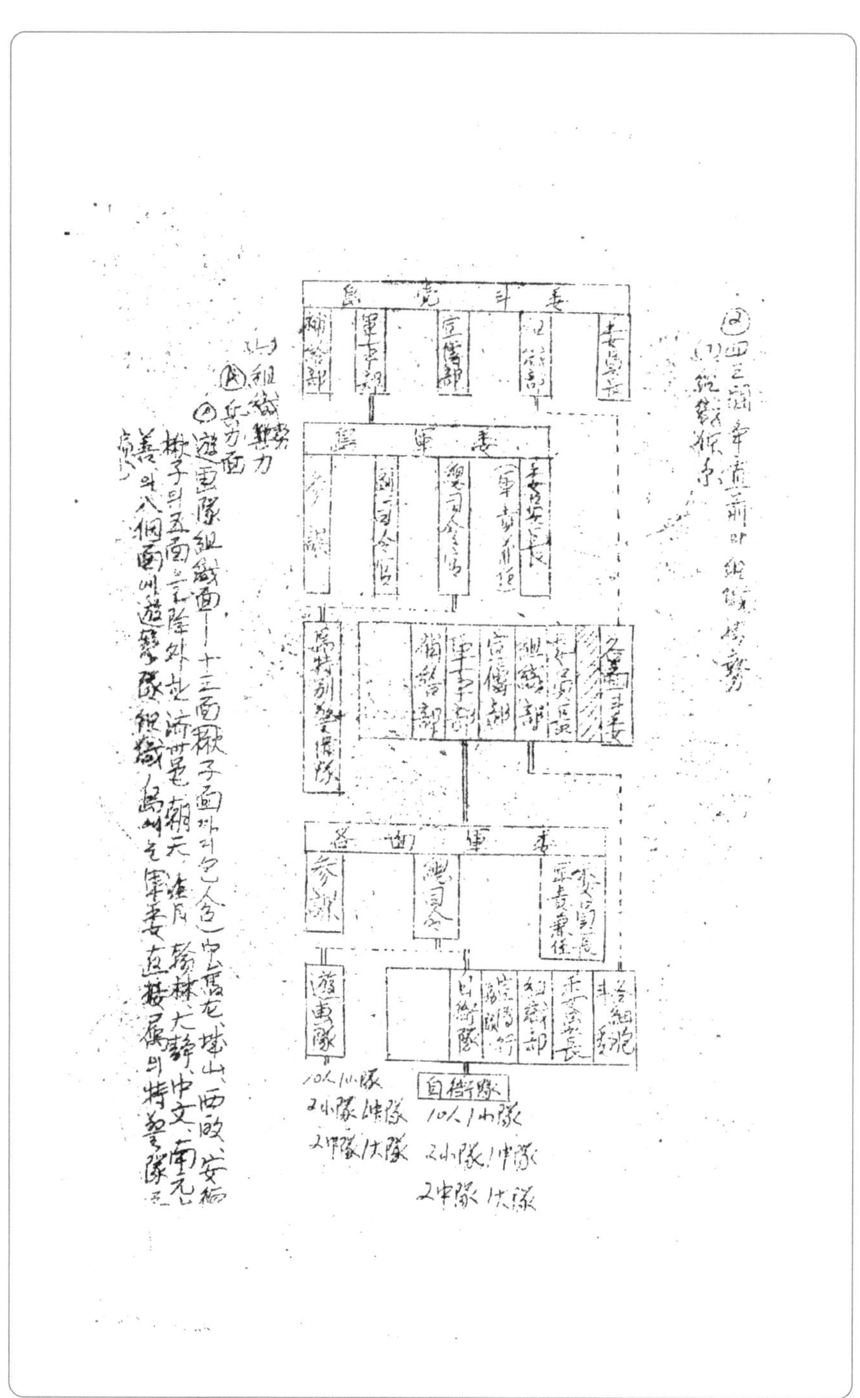

235

極祕